應用心理學的經典、為人處世的典範！

逆思考 人生加法

李睿 著

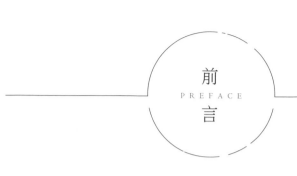

前言
PREFACE

戴爾・卡耐基說：「成功85％來自人脈關係，15％才靠專業知識。」比爾・蓋茲也說：「一個人永遠不要靠自己花100％的力量，而是要靠一百個人，每個人只花1％的力量！」

因此，求人並不可恥，可恥的是故作清高、不屑求人的「好漢」，最後只能弄得遍體鱗傷、一敗塗地……於是乎，一個人的成功幾乎都是「借他人之手」來完成的，培養專業技能，也要懂得人脈的應用，更重要的是，要學會如何去運作逆向思考的方法來達成使命！

人生在世，免不了會有求人辦事的時候，這時說話的技巧有著不可估量的作用，它可使你更順利或以更少的代價達到目的。人都有覓求同類或知音的傾向，想使某人將你納入知音之列，你就必須投其所好，千萬不能惹他反感。因此，要求人之前要先了解對方，才不致於一開口就吃上閉門羹！另外，有些人軟硬都不吃，像鐵石心腸，這時——你也別馬上灰心，也許轉個彎、換個做法，他就無法拒絕了。

請託之前，應先察言觀色一番，應該視對方的情緒而定。否則再好的話題，若不能符合對方的心境，必然無法引起他的興趣。你必須想辦法引出彼此共通的話題，才能聊得投機。然後再慢慢地把話題引到你所要談論的範圍。

不要總是說些老生常談，或是在家長里短的範圍內打轉。這很容易使對方厭倦。你無法拓展談話的範疇，就不能進一步使對方瞭解你，更不必說與他深入交往了。

也不要賣弄交情，引起對方戒心，無論談到什麼問題，都要把自己目光所及、腦中所思傳達給對方。而且，必須發表獨到的見解。

但也不要夸夸其談，表現得似乎自己什麼都懂。

某人在美國留學，辛苦了好幾年，總算畢了業，拿到了響噹噹的洋電腦博士文憑。可是，回國後卻一時找不到工作。

他被各大公司拒絕，生計沒有著落，滋味當真不好受。經過苦思，他終於想到一個絕妙的點子。

他決定收起所有的學位證明，以一個最低分身去求職。

這個法子還真靈，一家公司老闆錄用了他，讓他當程式輸入員。這活可真是太簡單了，對他來說簡直是「高射炮打蚊子」。不過，他還是一絲不苟，勤勤懇懇地幹著。

沒多久，老闆發現這個新來的程式輸入員非同一般，竟然能看出程式中的錯誤。此時，這小伙子掏出了學士證書。老闆二話沒說，立刻給他換了個與大學畢業生相對口的專業。

又過了一段時間，老闆發現他時常還能為公司提出許多獨到而有價值的見解。這可不是一般大學生的水平呀！此時，這小伙子又亮出了碩士學位證書。老闆看了之後，又提升了他。

博士在新的崗位上幹得更出色，老闆覺得他還是與別人不一樣，非同小可，當即把他召到辦公室，要他從實招來。此時，這小伙子才全盤托出他的博士資歷。老闆聽了更是欣賞，便毫不猶豫地重用了他。

據說，有一位聰明絕頂的小孩聲稱可同時與世間兩位堪稱大師的頂尖高手對壘。有人好奇，當真為他安排了比賽的機會。這聰明的小孩怡然自得，似乎一點也不用心。兩位大師卻聚精會神，熱汗淋漓。到了最後，小孩居然贏了兩位大師。觀者百思不得其解……

原來，小孩讓甲乙兩大師各居一室，而他來往於兩室之間。小孩自始至終都是用甲大師的棋法對付乙大師，用乙大師的棋法對付甲大師，甲乙兩大師全然不知。

處於現代的信息時代，每個人每天都要應付想當多的資訊，在時間有限，自己無法無法包山包海之下，請求他人的「火力支援」是勢所難免的，因此，搞好人際關係就變成很重要的一件事。所以，請人幫忙，求人辦事，並沒有什麼丟臉或見不得人——放心啦，這是很正常的事啦！

一個人的智慧畢竟還是十分有限的，可如果能集合古今之大成的智慧，那就不可限量了，前些日子，我還在某一本書看到一句令我震撼的話——我們須要新東西嗎？最好的不都在歷史上了——因此，再細看本書之後，我越發覺得李宗吾教導我們的人際學密碼——怎樣運用人際關係，走向成功——實在不容忽視、不能掉以輕心！

目錄
CONTENTS

ch.2 建立關係網路，發揮人際效應

ch.3 大膽作為，會產生誇張的效果

ch.4 察言觀色，了解人性的喜好

ch.5 手段，就是為了達到目的

ch.6

懂得人際關係的運用，就能成功

ch. 1

忍耐很痛，但會結出甜蜜的果實

求人辦事，別人自然要「拿捏」你一把，因為你有求於他。你們之間在地位上是不可能平等的，除非他給你辦事，你又給他提供了幫助，你們之間在進行等價的「交換」。那麼，求人這種態勢上不平衡的「人際交往」是不是就不可能成功了？《厚黑學》的精妙之處正在於：在不可能之處，行可能之事。當然，首先必須承認，求人辦事是一種非常被動的事，你所應該做的就是如何化被動為主動。

1 忍耐是求人的第一堂課

以厚黑妙法求人辦事，忍耐可發揮重要的作用。因此，如何學會忍耐，練好「養氣」功夫，就成了求人能否成功的第一步。

培根曾說：人不可像蜜蜂那樣，把整個生命排在對敵人的一螫中。莎士比亞也說：小事不忍，必遭大禍。孔子說得更明確：「小不忍則亂大謀。」學會忍耐，講起來容易，做起來難。李宗吾說：「厚黑學這門學目等於學拳術，要學就得學精。否則不如不學，安分守己，還免得挨打。」

學會忍耐也一樣。李宗吾曾舉例說：漢朝的呂后私通審食其，劉邦佯為不知。後人詩曰：「果然公大度，容得辟陽侯。」劉邦忍耐的功夫的確了不得，連綠帽子都戴得下。但是，在韓信求封齊王時，劉邦還是忍不住想發作，要不是張良從旁指點，幾乎失敗。

因此，在社會競爭中，善於求人者應該學會忍耐。

第一，以理智克制心中的情感。只有這樣，才能辦成大事。

日本礦山大王古河市兵衛說：「忍耐即是成功之路。」

古河市兵衛，小時候做過豆腐店工人。後又受雇於高利貸者，當收款員。

有一天晚上，他到客戶那兒催討錢款。對方毫不理睬，並且乾脆熄燈就寢，一點兒都不把他放在眼裡。古河沒辦法，忍饑受餓，一直等候到天亮。早晨，他並沒有顯出一點憤怒，臉上仍然堆滿笑容。對方被他的耐性所感動，立即態度一變，恭恭敬敬地把錢付給他。

他的這種認真隨和又富於耐性的工作精神，誠懇的待人態度，讓老闆大為欣賞，沒多久，老闆就介紹他去財主古河家做養子。之後，他便進入豪商小野組（組等於現在的公司）服務。因工作表現優異，幾年後就被升為經理。

第二，不為榮辱所動，不怕打擊，對世人的嘲笑置之不理。

發家後的古河買下了足尾銅礦。這是個早已被人遺棄的廢銅礦山。因此，他一開始進行開採，就有人嘲笑他，視他為瘋子。

對此，古河毫不在乎。只是，一年過去了，兩年過去了，卻不見銅的影子，資金則一天天減少。但他一點都不氣餒，面對困境，咬緊牙關，跟礦工們同甘共苦，慘澹經營，四年如一日。

就在一萬兩金子的本錢即將用罄之際，苦盡甘來，銅，終於挖出來了。

他這種倔強和不達目的絕不罷休的忍勁，是常人做不到的。

有人問他成功的祕訣。他如此回答：「我認為，發財的祕方在於忍耐二字。能忍耐的人，就能夠得到他所要的東西。能夠忍耐，就沒有什麼力量能阻擋你前進。忍耐即是成功之路，忍耐才能轉敗為勝。」

公元一二二四年，宋寧宗病死。由於他的八個兒子都早他一步登天，全死了，權相史彌遠便千方百計，在紹興民間找到一個叫趙與莒的十七歲少年，係宋太祖的第十世孫。史彌遠把他召到臨安，改名趙貴誠，擁立為太子。後來又不顧楊太后的反對，強行擁立他為皇帝，並改名為趙昀，即歷史上的宋理宗。

理宗青年嗣位，尚未成婚，直到服喪畢，才議選中宮。一班大臣貴戚聽說皇上選中宮，都將生有殊色的愛女送入宮中。左相謝深甫有一孫女，待人謙和，賢淑寬厚。楊太后當年自己做皇后時，曾得到謝深甫不少幫助，因此，想立謝氏為皇后。

除了謝氏之外，當時被選入宮的美女共有六人。其中，寧宗時的制置使賈涉的女兒長得頗有姿色，而且善解人意。理宗對他十分滿意，一心想冊立她為皇后。

可是，楊太后說：「立皇后應以德為重，封妃可以色為主。賈女姿容豔麗，體態輕盈，尚欠莊重，不像謝氏，豐容端莊，理應位居中宮。」

理宗聽後，馬上表現出醒悟的樣，非常高興地順從了楊太后的意願，冊立謝氏為皇后，另封賈女為貴妃。其實，他心裡一千個不願意。但他心想：自己即帝位，本就有諸多爭議，此時如果不順從太后的意願，與她抗爭，太后必定會忌恨於我，說不定會廢除我的皇位，另立天子。大丈夫能屈能伸。為什麼我不能忍耐一下，答應她的要求呢？待她死後，誰還能管得了我？

宋理宗就是如此行事。大禮完畢後，理宗對謝后一直客客氣氣，全按禮數辦，並在她那兒逗留一晚上，使楊太后感到自己的決定正確。

過了兩年，楊太后一命嗚呼，撒手而去。此時，理宗的羽翼已經豐滿，便再也不問津謝皇后了，天天與賈妃在一起，無所忌憚地寵幸有加。

2 如何攻破對方的心理防線

勾踐兵敗被囚，最想求吳王的莫過於將他放回越國。然而，這又是最犯吳王忌諱的事。面對著這樣一個幾乎無法化解的死結，勾踐憑藉他超人的「厚」，讓吳王主動放他回國，從而贏得了厚黑教主發自內心的讚賞。

有一次，美國固特異汽車輪胎公司的經理肯特在一家酒館飲酒，無意中碰了一位喝得酩酊大醉的青年人。這位醉漢借酒撒瘋，對他大打出手。

事後，肯特從店主人口裡聞知，這位青年發明了一種能增加輪胎強度的方法，並申請了專利。但他找了好幾家生產汽車輪胎的廠商，要求他們購買他的專利時，都連連碰了壁，且被他們視為異想天開。所以他感到懷才不遇，整日抑鬱不樂，常來這裡借酒消愁。

肯特得知這些情況後，對這位青年對他的不恭毫不介意，決定聘請他到自己的公司做事。

一天早晨，他在工廠門口等這位青年。但這青年已心灰意冷，不願向任何人談起他的發明之事。他不理肯特，徑自進工廠幹活去了。肯特一直等在工廠的大門口。

中午，工人下班了，卻不見那位青年的蹤影。有人告訴肯特，那青年幹的是計件工作，上下班沒有一定的時間。這天天氣很冷，風很大，但肯特一直不敢離去，只好忍饑受凍，因為他怕就在他離開的那一會兒，那青年下班走了。

就這樣，肯特從早上8點一直等到下午6點。這時，那青年才走出廠門。沒想到這回他一見肯特的面，便爽快地答應了肯特想與他合作的要求。原來吃午飯時，他出來，看到肯特等在門口，立即轉身回去。待他得知，肯特一天不吃不喝，在寒風中等了近10個小時之久，不禁動心了。

肯特正是求得了這位青年人才之後，推出了新的汽車輪胎產品，才使「固特異」這一品牌成為全球汽車輪胎名牌的代名詞。

這就是肯特通過忍耐求才的結果。

想得到別人的幫助，一定要表現出待人以誠的態度。對自己孜孜以求的人保持耐心，使他對你的行為表示同情，並由此生出好感，總有一天會攻克他心中的壁壘。

劉備為得諸葛亮，三顧茅廬。當他第三次去的時候，關羽老大不高興，張飛乾脆說，可以用一根麻繩把諸葛亮捆來。劉備呵斥他們：「汝豈不聞周文王謁姜子牙之事乎？文王且如此敬賢，汝何太無禮！」

三人離茅廬還有半里之遙，劉備便下馬步行。來到諸葛亮家門前，恰逢諸葛亮正高臥草堂。劉備不讓通報，恭恭敬敬地在階前站立了半晌又一個時辰，直到諸葛亮醒來。其後，劉備求得諸葛亮之後，終能成就其霸業。如果劉備在求賢時缺乏足夠的耐心，是不是有後來的三足鼎立，恐怕就只有天曉得了。

求人萬一遭到拒絕，千萬不要灰心。這是常有之事。一時的拒絕並不等於事情從此無望。你若能正確地分析對方拒絕的深層心理，根據實際情況，採取不同的處理方法，就可能出現轉機。

首先，如果對方的拒絕是因為對你缺乏瞭解，為此疑慮重重，陷入一個想幫又不想幫的矛盾狀態，這樣的決定隨意性大，改變也較容易。有效的辦法是多接近他們，很自然地展現自己的「真實面目」，讓對方充分並更進一步地瞭解你，待他的疑慮消除了，求他辦事就可水到渠成。

接著，如果對方拒絕你，是經過分析、對比、反覆權衡利弊後的選擇，這樣的選擇或是因為人家認為幫你忙不值得，或是因為你的個性、品質使他大失所望，或是由於他的某種固執的偏見，要改變他執意拒絕的態度，一般情況不是不可能的。這時，你務必以耐心、真誠的行動去感動對方，使之改變偏見。不過，這需要較長的時間，你必須具有堅強的毅力，甚至以阿Q精神作為支撐。

之後，如果對方拒絕你的請求是出於某種心理因素，他不願把真正的原因說出來，只用某些不真實的理由搪塞你。其真實的理由大致有如下幾種：（一）是你提出的要求太高，他無法滿足，但又羞於說出他本人能力不足。（二）是他對你不放心，拿不準，但又不好意思說出來。（三）是是否對你「特殊關照」，對方意見不一致，覺得沒必要把「內政」告訴你。

對於這種你所求助的對象，你要盡可能弄清其拒絕的真正原因，然後採取相應的對策，或解釋說服，或降低自己的某些要求，或等待時機。

要分辨「別人」的拒絕是屬於哪種類型並不容易，需要具備察顏觀色、聽話聽音，以及準確的判斷能力，這些能力則需要豐富的社會交往鍛鍊才能獲得。

厚黑求人不可急躁冒進，也因為對方可能有自己的難處，不得不慢做打算，或是他對應承你的事自有安排，急躁反而會把事情搞砸了。

3 「十年磨一劍」，細節就在「磨」

「磨」在求人術中，具有神奇的魔力。因種種原因，不允幫你，你所求之事又合情合理，這種情況下，你只能「磨」了。

有些上司很耐得住磨，不輕易同意任何事。你磨他，會使他的權力欲得到滿足。在這種情況下，更必須去磨。怕苦怕麻煩，存有虛榮心，反會被對方見笑。他會說：「本來他再來一次我就同意了，可是他沒來。」

香港首富李嘉誠是推銷員出身。曾經有記者詢問他的推銷訣竅。他不予正面回答，卻講了一個故事。

日本「推銷之神」原一平69歲時，在一場演講會上，有人問他推銷成功的祕訣。他當場脫掉鞋襪，將提問者請上臺，說：「請摸摸我的腳板。」

提問者摸了摸，十分驚訝：「您腳底的老繭好厚哇！」

原一平馬上接過話頭，說：「因為我走的路比別人多，跑得比別人勤，所以腳繭特別厚。」

提問者略一沈思，頓然感悟。

李嘉誠講完故事後，自謙地對記者微笑道：「我沒有資格讓你摸我的腳底，但我可以告訴你，我腳底的老繭也很厚。」

當年，李嘉誠每天都背一個裝有樣品的大包，馬不停蹄地走街穿巷，從西營盤到上環，再到中環，然後坐輪渡到九龍半島的尖沙咀、油麻地。

他說：「別人做8個小時，我就做16個小時。開初別無它法，只能將勤補拙。」

更早時，他當茶樓跑堂，拎著大茶壺，一天10多個小時來回跑。當推銷員，他還是背著大包，一天走10多個小時的路。

推銷員推銷產品時，遭到客戶拒絕是常有的事。比如，客戶可能絕情地說：「我們並沒有購買的意思，所以即使你再來幾次也是枉然。我勸你不必再浪費口舌，白費氣力了。」這時，推銷員仍應抖擻精神，面帶笑容地說：「請不必為我擔心！說話跑腿，是我的職責。只要你能給我一點時間，聽我解釋，我就心滿意足了。」這樣一來，客戶看他汗水淋淋，卻還滿臉笑容，不買覺得過意不去，或許就屈服了。

通過「磨」，使對方不斷積累微小的心理負擔，當這種心理負擔擴大到一定程度，他就可能讓步，你所求之事就有希望了。在日常生活中，若能將這種方法巧妙運用，達到求人的目的就不是什麼難事了。

4 只要有一線希望，決不輕言放棄

宋朝的趙普曾做過太祖、太宗兩朝皇帝的宰相，他對朝廷的忠誠和政績都非常明顯。他待人處事勤懇，而且性格堅韌。輔佐朝政時，只要是自己認定的事，即使與皇帝意見相佐，他還是敢於堅持到底。皇帝也拿他沒辦法，最後總會答應他的請求。

有一次，趙普向太祖推薦一位官吏，太祖沒有允諾。他沒有灰心，第二天臨朝，又向太祖提出。太祖還是沒答應。

趙普仍不死心，第三天又提出來。連續三天，接連三次反覆地提，同僚都大為吃驚：趙普何以臉皮這樣厚？太祖這次動了氣，將奏摺當場撕碎，扔在地上。

趙普默然無言，將那些撕碎的紙片一一撿起，回家之後仔細粘好。第四天上朝，他話也不說，將粘好的奏摺舉過頭頂，立在太祖面前不動。太祖為之動容，長歎一聲，只好准奏。

李嘉誠有今天的成就，他就是一個決不輕言放棄的人。在他發展自己的事業之際，這一點對他助益甚大。

在香港塑膠花市場搶灘成功之後，李嘉誠將目光瞄準了世界最大的歐美市場。當時，要進入歐美市場，一般都要通過香港當地的洋行代理。這是歷史原因造成的。但李嘉誠決意拋開中間商，直接與歐美的客商交易。他瞭解到，境外的批發商也有這個意願，只是彼此都沒有搭上線。

正在這時，歐洲的一位大批發商看到李嘉誠派赴歐洲的推銷員帶去的樣品，立即飛抵香港。這位大批發商認為長江塑膠廠的塑膠花品質已超過義大利，居於世界的先進水平，而價格還不到歐洲產品的一半。因此，他有意大量訂購。

這批發商一到香港，很快得知李嘉誠資金短缺。為何險起見，他提出交易條件：李嘉誠必須找到實力雄厚的公司或個人進行擔保。但是，李嘉誠竭盡全力，一直到這批發商即將離開香港的前一天，還是沒有找到擔保人。

至此，此事已近乎絕望。但李嘉誠沒有放棄。他的原則是：只要有百分之一的希望，就要盡百分之一百二的努力去爭取。於是，他與設計師一起通宵達旦，連夜趕出三組9款樣品。批發商的意向是訂購3種產品，他則每種設計了3款。

翌日，他帶著樣品到批發商下榻的酒店。批發商看到這9款樣品，大為讚賞，聲言這是他所見過最好的產品。

望著李嘉誠通宵未眠，熬得通紅的雙眼，這批發商心裡已明白了一切。他拍拍李嘉誠的肩膀，說：「我欣賞你的辦事作風和效率。我們開始談生意吧！」

李嘉誠坦率直言：「謝謝您的厚愛！我非常非常希望能與先生做生意，可我又不得不坦誠相告，我實在找不到殷實的廠商為我擔保，十分抱謙！」

接下來，他誠懇地對談起長江公司白手起家的發展歷程和現在的狀況，請批發商相信他的信譽和能力。

批發商微笑著說：「你不必為擔保的事擔心了。我已替你找好一個擔保人，這個擔保人就是你自己。」

就這樣，談判在輕鬆的氣氛中進行，很快簽了第一張訂購合約。按協定，批發商提前交付貨款，基本解決了李嘉誠擴大再生產的資金問題。後來，又是這位批發商主動提出一次付清。由此可看出，他對李嘉誠的信譽及產品質量確實充分信任。

當求人的過程中出現僵局時，一般人的直接反應大多是煩躁、失意、惱火，甚至發怒。這顯然無助於事情的解決。你應理智地控制自己，善加忍耐。這時，忍耐所表現的是對方處境的理解，對轉機之到來的期待和對求人成功的自信。有了這種心境，你就能在精神上處於強有力的地位，方寸不亂，調動自己全部的聰明才智，想方設法去突破僵局。

從另一個角度看，這一計策消耗的是時間。時間是一種武器，對誰都是公平的。一旦你以足夠的耐心，擺出一副「打持久戰」的架勢，便會對被求者的心理產生震懾。以「泡」對「拖」，足以促其改變初衷。所以，你要沈住氣。耐心地犧牲一點時間，反而可以爭取到更多的時間。

有些人臉皮太薄，自尊心太強，經不住人家首次拒絕的打擊。只要前進一受阻，他們就臉紅，感到羞辱，要嘛與人爭吵鬧崩，要嘛拂袖而去，再不回頭。這種人看起來很有幾分「骨氣」，其實這種過分脆弱的自尊，導致他們只顧面子而不思千方百計達到目的，於事業無益。

要之，求人時，既要保持自尊，但又不可過分自尊。為了達到目的，臉皮就得厚，而且要不斷增厚，由「厚如誠牆，到厚而無形」，碰個釘子，臉不紅、心不跳，不氣不惱，照樣微笑與人周旋，只要還有一絲希望就全力爭取，不達目的決不罷休。

5 善於「裝孫子」是「做爺」的前提

如果你是求官，上司得知你在等著他下台了好頂上去，他一定先把你趕出去。因此，「熬」的時候，除了要具備耐心、信心，更重要的是：必須善於偽裝，把野心巧妙掩藏。換句話說，就是要善於裝「孫子」。不要小看「孫子」。要知道——只有「孫子」才有做「爺」的資格。

隋末，李淵從太原起兵，選定關中作為長遠發展的基地。他以「前往長安，擁立代王」為名，率軍西行。

李淵西行入關，面臨的困難和危險主要有三個：第一，長安的代王並不相信他會真心「尊隋」，於是派出精兵堅決阻擊。第二，當時勢力最大的瓦崗軍半路殺出，糾纏不清。第三，瓦崗軍另一主力部隊襲奔晉陽重鎮，威脅李淵的後方根據地。

這三大危險中，隋軍的阻擊雖已成為現實，但軍隊數量有限，且根據種種跡象判斷，隋廷沒有繼續派遣大軍迎擊的徵候。後兩個危險都牽涉到瓦崗軍，其人數為李淵的10倍以上，任何一個危險若進一步演化，都將使李淵進軍關中的行動夭折，甚至可能由此一蹶不振，永無東山再起的機會。

李淵急忙寫信給瓦崗軍首領李密，詳細通報了自己起兵的情況，並表達了希望與瓦崗軍友好相處的強烈願望。

不久，使臣帶著李密的覆信回到唐營。李淵看了回信，口裡說了聲「狂妄之極」，心裡卻踏實多了。

原來，李密自恃兵強，欲為各路反隋大軍的盟主，大有稱孤道寡的野心。回信中，他實際上是在勸說李淵同意並聽從他的領導，並速速表態。

李密擁有洛口要隘，附近的倉中糧帛豐盈，控制著河南大部，向東可以阻擊或奔襲駐在揚州的隋煬帝，向西則可以輕而易舉地襲取已被李淵視為發家基地的關中。為此，李淵深知李密確有他狂妄的資本。

為了解除西進途中的後兩種危險，同時化敵為友，借李密的大軍把隋煬帝企圖奪回長安的精兵主力截殺在河南境內，李淵笑咪咪地對次子李世民說：「李密妄自尊大，決非一紙書信便能招來為我效力。我現在急於奪取關中，也不能立即與他斷交，增加一個勁敵。」

於是，他回信道：「天生庶民，必有司牧，當今為牧。非子而誰？老夫年逾知命。願不及此。欣戴大弟，攀鱗附翼，唯弟早膺圖籙，以寧兆民。宗盟之長，屬籍見容。復封於唐，斯榮足矣。擅商辛於牧野，所不忍言；執子嬰於咸陽，未敢聞命。汾晉左右，尚須安緝；盟津之會，未有卜期。謹此致覆！」大意是：當今能稱皇為帝的只能是你李密。我年已50有餘，無此願望，只求到時能再封為唐公，便心滿意足。希望你能早登大位。因為附近尚須平定，所以暫時無法脫身，前去會盟。

這封信巧妙地掩藏了他自己爭奪天下的野心，他相信，信中內容必能使李密放過對他的疑心。

李世民看了信，說：「此書一去，李密必專意圖隋，我可無東顧之憂了。」果然，李密得書之後，十分高興，對將佐們說：「唐公見推，天下不足定矣！」李淵授李密之好，卑詞推獎，不僅避免了李密爭奪關中的危險，還使之為自己西進牽製住洛陽城中可能增援長安的隋軍，從而達到「乘虛入關」的目的。

李密中了李淵之計，十分信任李淵，常給李淵通信息，更無攻伐之舉，專力與隋朝主力決鬥。之後幾年，李密消滅了隋王朝最精銳的主力部隊，自己也被打得只剩兩萬人馬。李淵則利用時機布下埋伏，殺了李密，發展成最有實力的逐鹿者，不費吹灰之力便收附了李密餘部。

6 「熬」就是要打敗高超強勁的對手

「媳婦熬成婆」這一求人術，一般只用於對付有才華、能力強，不易對付的人，是沒有辦法中的辦法。若所求之人是昏庸之輩，那就根本不用「熬」只需巧用計謀，將他拿下便是了。

毛人鳳與戴笠在江山文溪小學是同學。一九三二年3月，戴笠任復興社特務處少將處長兼浙江省警官學校特派員。毛人鳳經胞弟毛萬里介紹，被戴笠安排在警官學校特派員辦公室作文書。當時，他只在書記手下做些抄抄寫寫一類的工作。由於他為人謹慎，一年後便升為書記員。「七．七事變」發生的那一年，他當上了「軍統局」的機要祕書。

在名利面前，他故意擺出一副超凡脫俗的姿態。「八．一三」淞滬戰役時，他隨戴笠在滬郊主持情報等重要工作，獻計策劃，處理公務，常常徹夜不寐，甚至在患病時仍堅持辦公。這一招果然贏得戴笠的賞識和信任。

一九四一年，毛人鳳以代理主任祕書的頭銜，負責祕書室的工作。當時，「軍統局」呈送蔣介石的「通天文件」和呈送何應欽的「通地文件」，都要經他簽署。

任代理主任祕書期間，為了討好上下級，贏得好名聲，他見了任何人總是笑嘻嘻的。戴笠責備他時，他毫不勉強地接受；就是部下耍脾氣，發牢騷，他也忍了下來。

戴笠的脾氣十分暴烈，常為一點小事，動輒打人、罵人、關人。每遇到這種情況，毛人鳳總是從中說情，甚至還肯代人受過。因此，許多特務很感激他。戴笠曾為此生氣地斥責他是「菩薩心腸」。

毛人鳳不僅在「軍統」中能忍耐，在外面也不耍脾氣。有一次，重慶稽查處的何龍慶和他一起去看川戲，占了一排的座位。一會兒，來了幾個空軍飛行員，毫不客氣地擠開他們。何龍慶馬上火冒三丈，與那些飛行員爭執起來。雙方均驕橫慣了，都不肯示弱，終於大打出手。毛人鳳始終不參與爭執，保持冷靜。由於力量懸殊，何龍慶挨了一頓打，他只是挨了兩句罵。

日後，他曾拿這件事告誡沈醉：能忍，才不致吃眼前虧。

抗戰時期，毛人鳳在「軍統局」小樓的一間丈把寬窄的房間裡，每天批閱數以百計的公文。白天這小房是辦公室，夜晚這小房就是他的臥室。他對「軍統」的一些元老都十分客氣，尤其對當時的副局長鄭介民和幫辦唐縱這兩個資格最老，甚至可與戴笠平起平坐的特務頭子，更是恭恭敬敬。

這種與世無爭的態度，終於使戴笠認定他是一個沒有野心的得力助手，有意進一步培養他。「中美合作所」成立後，戴笠就把「軍統」的工作交給他，自己則以主要精力抓「中美合作所」的工作。

由於戴笠的培植和蔣介石的賞識，毛人鳳逐步在「軍統局」確立了一種無形的領導地位。在許多特務心目中，除了「戴先生」之外，便是「毛先生」。

「忍」與「等」都是因為時機不成熟。時機一旦成熟，就要抓住時機；一旦升上高位，更要把「狠」的手腕顯露出來。

一九四六年3月17日，戴笠從青島飛往南京，則於氣候不佳，在南京西郊岱山飛機失事，機上人員全體罹難身亡。

戴笠活著的時候，對「軍統」內部控制很嚴，轄下特務之間雖有親疏之分，但不敢公然形成派系。戴笠一死，一向被特務稱為「軍統三巨頭」的鄭介民、唐縱、毛人鳳便立即分裂為廣東、湖南、浙江三派。

毛人鳳考慮到自己的出身、資歷都遠遠比不上鄭介民和唐縱，很難爭過他們，權衡一番之後，決定施巧計與鄭、唐競爭。他計劃先聯合鄭介民擠掉唐縱，再設法搞掉鄭介民。

鄭介民頭腦簡單，勢力較弱，易於對付；唐縱則城府極深，工於心計。鄭介民一向兼職很多，對「軍統」內部的工作很少過問；唐縱則為人拘謹，事必躬親，在工作上常與毛人鳳發生意見分歧。軍統大權若落入唐縱手中，毛人鳳必難以生存；若由鄭介民掌握，他不但可以掌實權，還可利用當時鄭介民在北平軍調部忙得焦頭爛額，根本無暇兼顧「軍統」之機擴充勢力。

一切考慮好，毛人鳳就決定助鄭介民一臂之力。他向蔣介石說，「軍統」大部分高級人員對鄭介民很好，與唐縱的關係比較疏遠。蔣介石聽從了他的意見，由鄭介民任「軍統」代理局長，把唐縱調出「軍統局」，去擔任內政部警察總署署長。毛人鳳此舉不僅擠掉了最大的對手，還獲得了不爭權奪利的名聲。

一九四六年10月11日，「軍統局」宣告結束，改組為國防部保密局，鄭介民任局長，毛人鳳任副局長。

毛人鳳與當時任軍務局長的俞濟時是浙江同鄉。俞濟時曾長期擔任蔣介石的侍衛長，是蔣的心腹。毛人鳳看時機逐漸成熟，決定向鄭介民開刀。他對俞濟時百般逢迎、巴結，並讓老婆向影心出面，不斷給俞送去貴重禮物，博得了俞的好感。俞濟時在蔣介石面前為他說了不少好話。

在鄭介民過50歲生日時，毛人鳳指使保密局總務處處長沈醉藉祝壽之機，整這位頂頭上司。

鄭介民怕招惹是非，不想大張旗鼓地做壽。沈醉知道他一向怕老婆，極力慫恿鄭妻，大收壽禮，並鼓動特務們都去送厚禮。鄭介民因說服不了老婆，只好在生日的前兩天去上海「避壽」。

在沈醉安排下，特務們把鄭家布置得燈火輝煌，大擺筵席，將貴重的禮品都陳列在壽堂上，十分熱鬧。

祝壽到達高潮，沈醉又令部分特務鼓動那些被冷落的特務家屬來湊熱鬧。於是孤兒寡母們擁到壽堂，連哭帶喊地要飯吃。關鍵時刻，他才出面解圍，充當好人。

事後，毛人鳳立即把鄭介民鋪張祝壽的事報告蔣介石，並將沈醉收集到的鄭介民結黨營私，大肆貪污的材料呈上。

俞濟時也緊密配合，不失時機地向蔣吹「耳邊風」，講鄭介民的壞話。

毛人鳳終於取得了勝利，鄭介民當了一年保密局長就被他取而代之。

掌了大權之後，毛人鳳一改慈善面孔，以鐵腕清除鄭介民在保密局中的心腹，把鄭的同鄉，局長辦公室主任張繼勳，專員王清等一一驅逐，還把廣東派掌握的公開機關都一一抓了過來。上海警備司令部稽查處處長程一鳴被調職，由浙江派的陶一珊接任。交警總局局長吉章簡也換成了周偉龍。保密局設計委員會主任張嚴佛一向與毛人鳳的關係不錯，但因扣押了為毛妻做販運私貨生意的重慶航空檢查所所長關茂先，並在事後報請鄭介民處理，為此，毛人鳳極為惱火，便將他趕回湖南。

經過一番爭奪、清除、排擠，毛人鳳終於把廣東派徹底搞垮了，保密局成了清一色的浙江派天下。

毛人鳳為鞏固自己的勢力，極力巴結蔣介石的心腹，從各方面做好攀附工作，以便取得他們的庇護和支持。他知道蔣介石特別偏愛陳誠、胡宗南、湯恩伯，因而對這幾個捧得更利害。

陳誠一向與戴笠作對，看不起「軍統」。毛人鳳任局長後，為了緩和與陳誠的關係，常常低聲下氣地向陳誠請教，還托人與之拉關係，但一時未見成效。正在為難之際，他想起戴笠生前曾以「兵變」的罪名扣押了陳誠的幾個部下，因沒有充分的證據，一直拖了下來。為了討好陳誠，他替這幾個人翻了案，將他們放了出來。果然不久，陳誠對他的態度就來了個一百八十度大轉變。後來，陳誠任東南行政長官，主動提出負擔保密局技術總隊的全部經費。保密局遷往臺灣後，陳誠又給予極大的方便。

7 不要衝動，才能「熬」出頭

縱觀歷史，多數功成名就的人都經歷過種種不順、氣餒、挫折與個人的不幸。但他們最終「熬」了出來。難怪「厚黑教主」李宗吾先生得出結論說：他把這些人的故事反覆研究，才將千古不傳的成功祕訣發現出來。一部二十四史，必須持此觀點，才讀得通。這就是「厚顏黑心」。

在充滿競爭的時代，一個人想要有所成就，不可能不遭敵對、艱難與挫折。這些挫敗都可成為　策你向上的動力。

平庸的人之所以平庸，就是因為一受挫折，便栽倒在地，再也爬不起來，或趕緊爬到另外一個地方，再也不願拋頭露面。

偉人之所以成為偉人，就在於他們被擊倒後，總能馬上爬起來，並且永不服輸。這是因為他們意志剛強，心理素質良好。

反敗為勝的克萊斯勒汽車名人李·艾柯卡經歷了無數挫折。他曾被自己的老闆亨利·福特玩弄過，但他挺過來了。

他說：「個人的痛苦我可以忍受。但蓄意把我當眾羞辱就太過分了。當時我滿腔怒火，很可能做出愚蠢的抉擇，把怒火引向自己，其後果必定不堪設想。所幸我將怒火化為力量，設法有所建樹。」

求人辦事時受到冷遇，再平常不過。對此，或拂袖而去，或糾纏不休，或懷恨在心，這類反應都會因小失大。

如果是由於自己估計過高，對方未使自己滿意而感覺受到冷落，自己應反躬自省，實事求是地看待彼此的關係，避免猜度或嫉恨人。比如，在準備求人辦事之前，自以為對方會熱情接待。可是，對方並沒有這樣做，而是低調相待。這時，心裡就容易產生失落感。其實，這種冷遇是你自己對彼此的關係估計過高，期望太大而形成。遇到這種情況，應重新審視自己的期望值，使之適應雙方關係的客觀水平。

某人到多年不見的一個老同學家探望。這老同學如今已是商界的實力人物，每天造訪他的人很多，大有應接不暇之感。因此，對一般關係的客人，他一律不冷不熱待之。這人一心以為會受到熱情款待，不料遇到的是當頭一盆冷水，心裡頓時有一種被輕慢的感覺，認為此同學太不夠朋友，小坐片刻便藉故離去。他憤憤然，決心再不與之交往。後來才知道，這是此人在家待客的方針，並非針對哪個人。他再一想，自己並未與人家有什麼深交，自感冷落，不過是自作多情罷了。於是又改變了想法，採取主動，與之交往，反而加深了雙方的瞭解，促進了友誼。

對於因人家考慮不周，顧此失彼，使你受到冷落，應理解和寬容。在交際場上，有時人多，主人難免照應不周；特別是各類、各層次人員同席時，出現顧此失彼的情形很常見。當你遇到這種情況，千萬不要嗔怪，更不應拂袖而去，而應設身處地為對方著想，給予充分體諒。

有位司機開車送人去做客。主人熱情地把坐車的迎進，卻把司機給忘了。起初，司機有些生氣。繼而一想，在這樣鬧烘烘的場合下，主人疏忽是難免的，並不是有意冷落自己。這樣一想，氣也就消了。他悄悄地把車開到街上，吃了飯。等主人突然想起他時，他已經吃完了飯，又把車停在門外了。主人感到過意不去，一再自我檢討。這司機見狀，連說自己不習慣大場合，且胃口不好，不能喝酒。這種為主人著想的大度表現使主人大受感動。事後，主人又專門請這位司機來家做客。從此，兩人建立起親密的關係。

即使人家是存心怠慢，使你難堪，也要具體情況，具體分析，恰當處理。在這種情況下，予以必要的回擊，既是維護自尊的需要，也是刺激對方，批判錯誤的正常行為。當然，回擊並不一定非得面對面斥罵不可，理智的回敬是最理想的做法。

有一個人穿著舊衣服去參加宴會。他進門後，沒人理睬他，更沒人給他安排座位。於是，他回到家裡，把最好的衣服穿起來，又回到宴會現場。主人馬上過來迎接他，安排了一個好位子，為他擺了最好的菜。誰知他卻把外套脫下來，放到餐桌上，說：「外衣，吃吧！」主人感到奇怪，問道：「你這是幹什麼？」他答道：「我在招待我的外衣吃東西。你們的這酒和菜，不是給衣服吃的嗎？」主人的臉刷地紅了。

不過，依《厚黑學》之精神，對有意冷落自己的行為應持滿不在乎的態度，以阿Q精神自我解脫。有時候，對方冷落你是為了激怒你，使你遠離他。但是，遠離他，你又怎麼求他辦事呢？這時，聰明人會採取不在意的態度，以「厚臉皮」面對冷落，我行我素，以熱報冷，以有禮對無禮，直到使對方改變態度。

在「黑心」之上蒙一層「不具野心和實力」的偽裝是李宗吾所說的厚黑第三種境界，即「厚而無形，黑而無色」。這是運用「熬」之策略的最高境界。當然，這裡所說的「熬」，絕不是等著。別人看不起你的時候，正是你「蓄積」實力的好時候。時機一到，即應馬上脫隱顯揚。

鋒芒畢露，咄咄逼人，固然能從氣勢上壓倒人家，但韜光養晦，暫時隱藏實力，削弱人家對自己的提防與控制，特別是在自己處於劣勢時，藉以隱蔽和保護自己，討好矇騙敵手，發展壯大力量，伺機待發，更能取得巨大的效果。

8 放下身段，尋找最佳時機

狼是捕獵的「好手」，身手異常敏捷。但牠不輕易出擊。捕獵時，牠會夾著尾巴，伏下身子，緊盯著目標，尋找最佳時機。同理，求人辦事，「放下身段」比放不下身段的人多了幾個優勢：他的思考彈性高，觀念不致刻板，而能吸收各種資訊，形成一個龐大而多樣的資訊庫。這是他的本錢。他能比別人早一步抓到好機會，也能比別人抓到更多的機會。

明朝權宦魏忠賢可謂集厚黑之大成者，但他起初也曾因過於張揚，沒有「伏下身來」等待時機，兩次幾乎倒了大楣。

魏忠賢生於一五六八年，死於一六二七年，原名魏進忠，肅寧人。別看他大字不識，卻是明朝天啟年間司禮監秉筆太監，後兼欽差提督東廠太監，爵封上公，亂政七年，內淫客氏，外結廷臣，架空天子，豢養公卿，荼毒天下，殺戮善良。

年輕時，他曾因還不起賭債，被一群惡少打得落花流水。傷好之後，他忍痛自閹，嫁妻寄女，從河間肅寧奔往北京。因他好騎術、射術，加上一副好酒量，不久博得東廠太監孫通的賞識，收在名下，帶進皇宮。

入宮不久，他又張揚起來，交些酒朋肉友，拜佛進香，弄得赤字連篇，只好四處求人「打抽豐」（向富人請乞財物）。誰知竟被當成無賴，關在空屋裡幾乎餓死。這次教訓使他認識到：還得夾起尾巴做人，悶頭辦事，裝成傻子。

後來，他結識了內宮兼總理太監馬謙。馬謙把他調往甲字形檔管理化妝品。在這兒，他憑藉權力，施展漁色本領，結交了不少能在「上邊兒」說上話的宮女。可憐宮女們正值青春，卻愁鎖深宮，於是和宦官結成「食伴」，有時還花前月下，擁抱依偎，聊解幽怨。魏忠賢的手術做得不徹底，性功能尚存，拔淨鬍鬚硬充。虧得他被安插在大太監王安名下，未受認真檢查。憑著這個「優勢」，他獲得了第二次轉機，卻也是第二次倒楣。

神宗皇帝的長孫朱由校出生，宮裡為他選的奶媽是京郊農民侯二的妻子客氏。妖嬈肥碩的客氏才18歲，豈甘寂寞，與東宮大太監魏朝結下「食伴」。魏忠賢常給魏朝一些化妝品，向客氏進貢。魏朝很承情，便介紹他進東宮，負責皇長孫和母親王才人的膳食。不久，王才人就允許他攜帶皇長孫玩耍。他盡力弄珍玩、教騎射，討好皇長孫；同時與魏朝結為「兄弟」，進而巴結王安。王才人死後，魏忠賢注意到皇長孫對客氏的依賴，便動用「祕密武器」，結交了客氏。此時，客氏已寡，她腳踩兩隻船，一是有權的魏朝，一是得用憨猛的魏忠賢。許久，魏朝發現了魏忠賢的祕密，便把他弄去管理煤炭供熱，疏隔了他與客氏的關係，其間共三年。

這三年，魏忠賢深自反省，恨自己「色迷」、急進，便又夾起尾巴，垂眉折腰，修好於魏朝。好在魏朝好糊弄，又得日夜殷勤地代替多病的王安做事，也就漸忘前嫌，反倒自覺對不起弟弟，於是處處向王安說他的好話。

一六二〇年，光宗即位，朱由校獨居東宮。客氏向他提起魏忠賢。這位皇長子很喜歡曾給他留下美好回憶的魏忠賢，便說：「讓他過來吧！」王安、魏朝也無異議。於是魏忠賢重返儲宮。不到一個月，光宗突然去世，皇長子被擁立為帝，年號改為天啟，就是熹宗。

熹宗即位，按慣例，要把侍候自己的舊宦官安置在重要崗位上。經客氏反覆密信，熹宗便任命魏忠賢為司禮監秉筆太監。司禮監秉筆太監的工作是按照內閣起草的詔書，依皇帝授意，在奏章上加批示，可以說是皇帝的祕書長。魏忠賢從此開始了亂政混世的七年。

一六二〇年的明王朝，國家多事，一個月間，神、光二帝相繼去世，「紅丸」、「移宮」兩案爭吵不休，內閣首輔方從哲因東林黨攻擊而下臺，內廷司禮監更替頻繁，光宗的人馬尚未接完班，熹宗的一群已虎視眈眈。這是一個機會，人人都為權力再分配而勾結，而排斥，而傾軋。魏忠賢要掃除前進中的障礙了。

一天深夜，16歲的熹宗被吵罵聲驚醒。司禮大太監盧受、王安等也聞聲趕到。原來，魏忠賢和魏朝夜深飲酒東暖閣，爭相要與客氏親近，吵了起來。兩人跪在御床下，客氏站在床邊，一個勁兒啼哭。熹宗早已「知事」，便說：「客奶，你別哭，只說要誰給你辦事得了。」客氏自然心向得用的魏忠賢，厭惡魏朝淡薄。王安看了皇帝眼色，便打了魏朝一個嘴巴，攆他出宮回家。魏忠賢事後假傳聖旨，把魏朝發往鳳陽，又派人截在河北獻縣，勒死了他。魏朝就這樣白白死在他曾大力舉薦過的魏忠賢手下。從此，魏忠賢獨佔客氏，客氏左右熹宗，形成尾大不掉之勢。

關鍵時刻，王安犯了一個不可彌補的錯誤，為朝廷也為自己種下了禍根。魏朝死後不久，皇帝命他掌司禮監印，他依慣例推辭，退居宮外，待下詔催促時再上任。魏忠賢為獨攬內廷大權，在客氏慫恿下，決心消滅王安。他唆使御史霍維華參奏王安，結果把王安關在空院子裡，不許進飲食。王安夜間偷摘葫蘆葉、青蘿蔔度命，竟沒餓死。魏忠賢又派人把他砸死。至死王安也不明白，自己保護過而且栽培起來的魏忠賢為什麼要害自己？事後，參與整個陰謀活動的王體乾出任司禮監，事事聽從魏忠賢擺布。從此，魏忠賢控制了司禮監——與內閣並列的宮廷中樞機構。

9 集中全力，只求一件事

一位獵人在一次打獵途中，遇到兩隻兔子。他想：這正是天賜良機，一定要將這兩隻兔子一網打盡。邊想，他邊將子彈推上膛。正在這時，兩隻兔子分別朝兩個相反的方向跑去。獵人先追向南跑的兔子。追了兩步，又想起那隻向北跑的兔子，便朝著南邊胡亂放了一槍，然後轉身去追北邊的兔子。北邊的兔子已經跑出去很遠了，獵人只得又胡亂放了一槍，同時尋思：我還是追南邊的兔子吧！可是，等他向南望去，只見一片蒿草在風中搖晃，那隻兔子早已無影無蹤了。

此中寓意是說：做任何事，都得目標專一。諺語說：別把所有雞蛋放入一個籃子。這話似乎說得在理，但《厚黑學》把這個理顛覆了。試想，如果你把雞蛋放入許多籃子，不用說多，三個籃子，你就已無法用手提了；把它頂在頭上，一旦摔倒，必然打碎了雞蛋。多提籃子，不一定能保證雞蛋不碎。相反，將所有雞蛋放入一個籃子，然後好好照管，這樣做，雞蛋不碎的可能性倒是更高些。

《厚黑學》中說：要求官，就要一心一意地「求」，把一切事統統放下，不工不商，不農不賈，書也不讀，學也不教。如果又想求官，又想求財，又想求學問，到頭來，必定什麼也求不到，只能是一場空。

要之，目標專一是發揮「趕鴨子上架」這一計策的條件。如果目標太多，火力太分散，這一計也就無從談起了。

為了達到目標的專一，必要時可採用「置之死地而後生」的著名用兵原則。這項原則是在士兵鬥志不堅，軍心不齊的情況下，採用的非常措施。比如項羽破釜沈舟，使士兵後退無路，只有向前拼死作戰。再如韓信背水列陣，也是斷絕士兵的退路，使他們團結一致，拼死作戰。但求人時運用這一原則與上述兩個戰例不同。它不是用於別人身上，而是用在自己身上，使自己沒有退路，以便一心一意地求人辦事。

隋朝末年，隋煬帝荒淫殘暴，生活奢華，弄得民不聊生，遍地饑荒。於是各地不斷爆發農民起義，某些有實權的人也擁兵自重，自立為王。

此時傳出謠言，說是：「楊氏當滅，李氏將興。」煬帝心懷疑慮，將朝中大臣李密罷職削官。李密遂投奔瓦崗寨義軍。煬帝又懷疑到另一大臣李渾身上，將他殺死。死時，身為重臣的李淵坐臥不安，怕煬帝懷疑到自己頭上。

煬帝十三年，反叛已達數十起，隋室江山岌岌可危。此時，李淵任太原太守，他的副手裴寂很有戰略眼光，悄悄結交他的次子李世民，密謀反叛。此舉必須動員李淵一起行動，才能借助他的兵權。但勸說工作異常艱苦。裴寂與李世民見長期這樣下去終究不成，於是密謀趁機行事，採用「趕鴨子上架」的計策，切斷李淵的退路，逼他造反。

有一天，裴寂在晉陽宮設下宴席，請李淵飲酒。二人相交已久，李淵也不懷疑，就高高興興地去了。

這晉陽宮是隋煬帝楊廣的行宮之一，宮中設有外監，正副各一人。李淵為太原留守，弱領晉陽宮監，裴寂為副宮監。李淵身為宮監，到此赴宴，也合情理。

裴寂與李淵坐定，美酒佳肴依次獻上，二人邊喝邊談，十分快活。李淵開懷暢飲，不一會就喝了幾大杯，有了幾分醉意。忽聽門簾一動，環佩聲響。李淵定睛一看，走進的是兩個美人，都生得十分俏麗，如花似玉。裴寂指引兩美人左右分坐，重行勸酒。李淵已酒醉糊塗，也不問明來歷，一味亂喝。

就這樣，李淵醉臥晉陽宮，兩個美人侍寢，三人同床，不亦樂乎。李淵搞累了只知沈沈入睡，哪曉得什麼禮法。

酣睡多時，酒醒了大半，見有兩個美人陪著，他不由得大感奇怪。他打起精神，問二人姓氏。一美人自稱姓尹，另一美人自稱姓張。李淵又問她們家住哪裡。二人並稱是宮眷。

李淵聽了，大吃一驚，立即披衣躍起，哭喪著臉道：「宮闈貴人，哪得同枕共寢？這可要把我害死了！」

二美人連忙勸慰：「主上失德，南幸不回，各處已亂離得很，妾等非公保護，免不得遭人污辱，所以裴副監特囑妾等早日托身，藉保生命。」

想這二位美人，長居宮中，受盡寂寞，宮中美人無數，二人難得煬帝御幸，今日若得李淵垂青，已是感激萬分，受用不盡了。看來裴寂真可謂已得「厚黑」真傳，利用別人，好像還是在為別人著想，讓人千恩萬謝。

李淵頻頻搖頭：「這……這事怎可行得？」一面說，一面走出寢門。走了幾步，正巧遇著裴寂。他一把拉住裴寂，叫著裴寂的字，抱怨道：「玄真，玄真，你難道要害死我嗎？

裴寂笑道：「唐公為什麼這般膽小？收納一兩個宮人是小事，就是那隋室江山，亦唾手可得。」

李淵連忙答道：「你我都是隋室臣子，怎麼出此叛言，自惹滅門大禍！」

裴寂正色道：「識時務者為俊傑。今隋主無道，百姓窮困，四方群雄逐鹿，連晉陽城外都幾乎成了戰場。明公手握重兵，令郎暗裡儲士養馬，何不乘時起義，吊民伐罪，經營帝業？」

李淵仍然說：「我李家世受皇恩，不敢變志。」

李淵口說不敢變志，奈何退路已斷，不反即死。他深知與宮眷同寢的罪名是何等嚴重，且那煬帝早對李姓人心懷疑慮，若知曉這件事，一定會藉口殺死自己，甚至誅滅九族。看來，他只有反叛一條出路。再加上裴寂、李世民進一步分析天下形勢，講清利害，終於堅定了他反叛的決心，最終建立了大唐江山。

10 留後路，也需要「壯士斷腕」的勇氣

在求人的過程中，如果情況不妙，要點已不是能否達到自己的目的，而是如何全身而退，保住自己的本錢。這時必須當機立斷，既不可「磨」，也不可「熬」，決不乾泥帶水。為此：

第一，要仔細評估可能面臨之危險的程度，謹慎地做出是否撤退的決定。「後撤」是一種退而求其次，為保存實力，不得已而為之的手段。如果再堅持一下就會成功，就絕不可輕言撤退。

武則天年方十四，便已豔名遠播，被唐太宗召入宮中，不久封為才人；又因性情柔媚無比，被太宗暱稱為「媚娘」。當時宮中觀測天象的大臣紛紛上書示警，說唐皇朝恐遭「女禍」，某女子將代李姓為帝。種種跡象表明，此女人多半姓武，而且已入宮中。太宗為子孫後代著想，把姓武之人逐一檢點，做了安置。但對於武媚娘，由於愛之刻骨，始終不忍加以處置。

太宗受方士蒙蔽，大服鉛丹，雖一時精神陡長，縱欲盡興，但過不多久便身形槁枯，行將就木。武則天此時風華正茂，一旦太宗離世，便要老死深宮，所以她時時留心擇靠新枝的機會。太子李治見她貌若天仙，仰羨異常。兩人一拍即合，山盟海誓，只等太宗撒手，便可仿效比翼鴛鴦了。這時，武則天當然不會考慮「撤退」，反倒尋思著如何「大舉進攻」，攀附上未來的天子。

第二，情況不妙時，必須以極大的勇氣，當機立斷，主動撤退。

這時如果優優地還猶豫不決，當斷不斷，可能會輸得血本無歸。

唐太宗自知將死，還想著要確保子孫的皇位，有意讓頗有嫌疑的武則天跟自己一同去見閻羅王。臨死之前，他當著太子李治之面問武媚娘：「朕這次患病，一直醫治無效，病情日日加重，眼看著是起不來了。你在朕身邊已有不少時日，朕實不忍撇你而去。你不妨自己想一想，朕死之後，你該如何自處？」

武媚娘冰雪聰明，哪會聽不出自己已身臨絕境。怎麼辦？她自思，此時只要能保住性命，不怕將來沒有出頭之日。然而，要保住性命，又談何容易。惟有丟棄一切，方有一線希望。於是她趕緊跪地啟奏：「妾蒙聖上隆恩，本該以一死報答。但聖躬未必即此一病不癒，所以妾遲遲不敢就死。妾願削髮出家，長齋拜佛，到尼姑庵日日拜祝聖上長壽，聊以報聖上的恩寵。」

太宗一聽，連聲說「好」，並命她即日出宮，「省得朕為你勞心！」

太宗原想處死她，但心裡多少有點不忍。現在她既然願意拋卻一切，脫離紅塵，那對李氏皇位而言，活著的武媚娘等於死了的武媚娘，不可能有什麼危害了。

武媚娘拜謝而去。一旁的太子李治卻如遭晴空霹靂，僵在那兒，動也動不了。他藉機溜出太宗的寢宮，去找媚娘。見媚娘正在檢點什物，他嗚咽道：「卿竟甘心撇下我嗎？」

媚娘回道：「主命難違，只好走了。」「了」字未畢，淚已如雨下，語不成聲。太子道：「你何必自願去當尼姑呢？」

武媚娘鎮定了一下情緒，把自己的擔憂傾訴出來：「我要不主動說出去當尼姑，只有死路一條。留得青山在，不怕沒柴燒。只要殿下登基之後，不忘舊情，我總會有出頭之日……」

李治佩服武媚娘的才智，當即解下一個九龍玉佩，送給她作為信物。

其後，太子登基不久，武媚娘果真再次進宮，終至成為中國歷史上聲名赫赫的一代女皇。

11 留後路，同樣離不開「厚顏黑心」

「留得青山在」之策看起來很容易，似乎只要決心一下，把自己從事情中「摘」出來就行。實際上，能不能把自己「摘」出來，要看你有沒有「厚臉黑心」的本事。

西方中世紀，神權高於王權，最高權威是教皇。他凌駕於各國國王之上，具有無上的權力。在一系列權利衝突中，教皇差不多總是當然的勝利者。

一〇七六年，神聖羅馬帝國皇帝亨利與教皇格里高利爭權，發展到勢不兩立的地步：亨利早想擺脫羅馬教廷的控制，獲得更徹底的獨立；教皇則想加強控制，把亨利所有的自主權剝奪殆盡。亨利首先發難，召集德國境內各教區主教開了一個宗教會議，宣布廢除格里高利教皇之職。格里高利針鋒相對，在羅馬的拉特蘭諾宮召開了一個全基督教會的會議，宣布驅逐亨利出教。「開除出教」是一種最令人害怕的懲罰，它等於宣布剝奪了一個人的一切社會地位和社會關係，甚至生命。當時，亨利四世在國內的基礎並不穩固，教皇的號召力非常大，一時之間，德國內外反亨利的力量聲勢震天，特別是德國境內大大小小的封建主都興兵造反，向亨利的王位發起挑選。

亨利面對危局，被迫妥協。一〇七七年1月，他身穿破衣，只帶著兩個隨從，騎著毛驢，冒著嚴寒，翻山越嶺，千里迢迢前往羅馬，向教皇請罪懺悔。格里高利故意不予理睬，在亨利到達之前，躲到遠離羅馬的卡諾莎行宮。亨利沒辦法，只好又前往卡諾莎拜見教皇。到了卡諾莎，教皇緊閉城堡大門，不讓亨利進入。為了保住皇帝的寶座，亨利忍辱跪在城堡門前求饒。當時大雪紛飛，天寒地凍，身為帝王之尊的亨利屈膝脫帽，一直在雪地上跪了三天三夜，教皇才開門相迎，饒恕了他。這就是歷史上著名的「卡諾莎之行」。

表面上看，是教皇格里高利贏得了勝利。實際上，恰恰是他自己救了搖搖欲墜的亨利四世。他使得眾多追隨者大失所望，而亨利恢復了教籍，保住帝位，返回德國之後，集中精力整治內部，然後派兵把封建主各個擊破，剝奪了他們的爵位和封邑。曾一度危及他的王位的內部反抗勢力遂逐一告滅。

在陣腳穩固之後，亨利立即發兵進攻羅馬，以報跪求之辱。格里高利再施「殺手鐗」——開除教籍。但這回此招已經不靈。原來的支持者已被除滅，中間派在「卡諾莎之行」後已不敢信任教皇，紛紛投靠亨利四世。亨利強兵壓迫，所向披靡。格里高利棄城而逃，最後客死他鄉。

12 要預先埋下東山再起的「伏筆」

對於「厚黑大家」來說，僅僅為了保全自己而撤退，太過消極，是一筆虧本生意。虧本生意，他們從來不做。即使採取「留得青山在」這種被動之計，他們也想指一把油水，為下一次求人成功創造條件，埋下伏筆。

南宋初，在老將宗澤「聯合抗金」的策略指導下，宋軍與各地義軍一起多次打退了金兵的南犯，取得了歷史上著名的滑州保衛戰的勝利。

宗澤在開封修造了許多防禦工事，招募了大量兵馬之後，就接連向高宗上書，請求高宗從揚州回返東京。

但高宗另有一番算盤：如果宗澤兵力漸大，這位前朝老臣定會全力抗金，以迎回徽、欽兩位被擄到北方的皇帝，到時自己的皇位就坐不住了。因此，他派郭仲荀為東京副留守，負責監視宗澤。

老將軍一心想著報國，料不到高宗會這樣對待他。為此，他心裡大感鬱悶、氣憤和失望。漸漸地，他吃不下，睡不好。本來雄心勃勃，要為國立功，完全忘了自己的年齡，這時一泄氣，一下子就病倒了，不久就因背上毒疽發作身亡。

高宗見宗澤一死，立即派杜充為東京留守。杜充一上任，就廢除了宗澤在世時的一切措施，把開封的防禦工事拆除，打擊義軍將領。宗澤費盡心血聯絡、組織的百萬武裝力量，很快就被他瓦解了。

公元一一二八年，金將粘罕率大軍再次南犯。由於與宗澤配合的義軍力量已經解散，結果，金兵連克開封、大名、相州、滄州等地，衝破了宋軍數道防線，攻到高宗趙構的所在地揚州。

趙構狼狽而逃，從揚州到鎮江，從鎮江到常州，又從常州到秀州；2月23日在杭州落腳。沿途的官員以至百姓，看到皇帝這樣馬不停蹄地一直南逃，也都丟下家園，扶老攜幼，跟著奔竄。道路上妻離子散，哭爹叫娘。

到了杭州，昏庸到家的高宗仍繼續寵信王淵、康履等一批腐敗無能的官員。負責護送高宗到杭州的苗傅、劉正彥所部大多是北方幽、燕一帶的人，部分出自兩河、中源地區。他們多次向高宗上書，要求收復河北。高宗對此根本不予理睬。

於是，苗、劉利用將士對高宗的不滿，進行武裝暴動。他們趁百官上朝之機，在路上埋下伏兵，殺了王淵，帶兵直入宮中，殺了宦官百餘人，並求見高宗。高宗只得出來見眾將士。

苗傅在下面厲聲道：「陛下偏聽宦官的話，賞罰不公，將士們流血流汗，不聞加賞；收買內侍，盡可得官。王淵遇賊不戰，首先搶著逃命，又結交依勢欺人的內侍康履等人，反而升為樞密院事。現在我們無將王淵斬首，惟有康履仍在君側。乞陛下將康履交與臣等，將他正法，以謝三軍。」

高宗推托道：「康履即將重責，卿等可還營聽命。」

苗傅堅稱：「如今金兵南下，我大宋千萬生靈肝腦塗地，這都與宦官擅權有關。若不斬康履，臣等決不還營。」

高宗看看將士們一個個逼視著他，再堅持下去，還不知會鬧出什麼亂子，只得命何湛綁了康履，送到樓下。苗傅一刀將康履砍為兩截。

高宗又命苗、傅等人退出殿內，即時還營。眾將士仍然不走，並對高宗說：「陛下不應當再坐任位。二帝尚在金邦，一旦歸來，試問如何處置？請太后聽政，陛下退位，禪位給皇太子。」

宰相朱勝非勸慰無效，只好奏告高宗。高宗沈吟：「若不答應，這批人殺入宮來，什麼事都幹得出來。不如先解除目前的危險，以後再另想辦法處理。」打定主意後，他對朱勝非說：「朕可退居後宮。不過，須有太后手詔，方可禪位。」

太后出面對苗、劉兩人進行規勸，但苗、劉仍然不鬆口，堅決要求高宗退位。

朱勝非獻計道：「苗傅有一心腹曾對我說，苗、劉二將忠心有餘，但學識不足，並且生性執拗，一時沒法說得通的。因此，臣請陛下暫且禪位，靜圖將來。」

於是，高宗便提筆寫詔，禪位於皇太子，請太后垂簾聽政。

自皇太后聽政後，國家大事全由朱勝非處理。朱勝非每日引苗、劉兩人一起上殿，以免兩人生疑。苗傅見住居宮中的高宗仍在暗中處決國事，心裡很不放心，便與劉正彥一起上奏，請高宗出宮，遷居顯寧寺。

高宗聽了，長歎道：「我已禪位閒居，他們還不放心，連我的起居都要干涉，實在太過分了！」

朱勝非建議道：「時機還未成熟，陛下仍以逆來順受為好，暫去顯寧寺居住，待復辟時還宮，免得再鬧亂子。」

高宗嘆道：「一切都靠愛卿安排，朕聽你的。不過，復辟一事，愛卿負責，以速為貴。二賊密布心腹，一旦得知，做好防備，就難辦了。」

朱勝非低語道：「已有把握。為防泄漏起見，不敢多言。陛下遷出行宮，屆時可預先躲避。」

高宗就率領妃子，前往顯寧寺居住。

半個月後，平江留守張浚等聯絡眾將，一起發兵討逆，向杭州進發。大兵壓境，苗、劉二人慌作一團，只好去和朱勝非商議。朱勝非說：「我替你們著想，只有迅速改正。否則各路大軍將到城下，二公將置身何地？」

苗、劉兩人想了多時，確實只有這一條路可走，就聽從了朱勝非的建議，請高宗重定。高宗重定後不久，就派人追殺了苗、劉二人。

ch.2
建立關係網路，發揮人際效應

為了達到求人的目的，按李宗吾所說，「鑽進鑽出」固然有效，但也實屬不易。最好的辦法就是事先把可能用到的各種「孔」都鑽好。這種求人辦事的各種孔就是「關係網」。人是有感情的動物，對於有親近關係的人，由於心理上有一種認同傾向，或礙於情面，一般不會輕易拒絕。「蜘蛛結大網」這一求人策略，利用的正是這種心理。

1 「家族集團」是「關係網」的核心

在諸多關係網中，以血緣關係為基礎的「家族集團」最為親密。厚黑求人者當然不會放過利用家族關係謀利。因為，這是最有效，「使用成本」又最低最省的一種關係網。為此：

第一，要在「家族集團」中確立自己的好名聲。

如果你在家族中聲名狼藉，所有人都以與你有「親」而感到丟人，這時你如想利用「家族關係」就難了。因此，保持你在家族中的好名聲非常重要。這是一個長期的過程，你必須早做準備。

王莽篡漢自立，威風一時。未篡位前，他禮賢下士，待人謙恭。這是他的厚黑之處。可是，他真正起家的資本還是顯赫的「家族集團」。

王莽出身於外戚之家，其姑母王政君是漢元帝之后。元帝死後，成帝即位，尊王政君為皇太后，其舅父王鳳為執掌全國兵權的大司馬。從此，王氏開始壟斷朝政。

元、成兩朝，王氏家族「世封侯，居位輔政，家凡九侯、五大司馬。」其子弟多「乘時侈靡，以輿馬聲色佚遊相高。」獨有王莽一支，因其父王曼早死，未能受封。父親死後，其兄又相繼去世。王莽因「獨孤貧」，不可能如其他兄弟那樣夸富斗侈，而且他也根本不想那樣做，因為他懷有更大的野心。為了實現這種野心，他只包定一個宗旨，即盡可能沽名釣譽。

第二，尋找家族集團中有權有勢的人當靠山，改變自己的地位或實現其目標。

為了出人頭地，王莽「外交英俊，內事諸父，曲有禮意。」尤其是諸位手握大權的伯父、叔父，有著現成的血統關係，他更是充分加以利用。

其伯父大司馬王鳳生病時，他守候榻前，小心侍奉，煎湯嘗藥，一連數月不解衣帶，顧不上寢食梳洗，「亂首垢面」，熬得面容憔悴。看到侄兒比親生兒子還孝順，王鳳十分感動。王鳳臨死之時，太后前來探望，他鄭重地將王莽「以托太后及帝」，要太后及皇帝盡力照顧他這位侄兒。王鳳死後，王太后念王鳳託付之意，就讓王莽做了黃門郎。不久，又提升為校尉。王莽順利地踢開了入仕的頭三腳。

王莽的孝敬也博得了叔父王商的愛憐。於是，他上書成帝，願意把自己的封邑分出一部分給王莽。

王莽待人謙恭，辦事認真，朝廷許多大臣為之讚歎，都認為他是一個難得的賢能之士，紛紛上書推薦。成帝由此很器重他。永始元年，封他為新都侯。不久，又遷騎都尉光祿大夫侍中，成為皇帝的宿衛近臣。王莽的聲譽已遠遠超過他的伯叔父輩。

第三，「家族集團」內部同樣存在著「政治鬥爭」，必須多留個心眼。

王莽外示寬讓仁厚之相，實則懷藏傾軋嫉妒之心。他的姑表兄弟淳于長亦因舅父王鳳生前之托，甚得太后及皇帝親幸。後來，王莽的叔父大司馬驃騎將軍曲陽侯王根病重，萬一長病不起，那麼，身為外戚、位居九卿的淳于長很可能取而代之。

王莽擔心淳于長受寵，非常嫉恨。為了擊敗淳于長，擴大自己的權勢，他抓住淳于長與許皇后之姊私通之事，加以攻擊，並趁著為王根侍疾之機，說淳于長的壞話，以激起王根對淳于長的不滿。他對王根說：「長見將軍久病，意喜，自以當代輔政。」王根聽罷大怒，謂王莽：「即如是，何不白也？」王莽回答：「未知將軍意，故未敢言。」王根說：「趨白東宮。」於是王莽求見太后，具言淳于長罪過。太后亦怒，並讓王莽再言於成帝。成帝乃免去淳于長的官職。之後，淳于長更被下獄處死。

在醜惡的宮廷權力角逐中，王莽終於排除了一個強有力的競爭對手，並由此獲得「忠直」之名。

成帝綏和元年，重病中的王根「薦莽自代」，王莽遂被擢為大司馬，為其日後篡位奠定了基礎。

那麼，如果沒有很強的家族關係可資利用，或家族集團的力量不夠，怎麼辦？精通《厚黑學》的人會利用「裙帶」把不同的「家族集團」聯結起來，形成更大、更強有力的「家族集團」。

春秋初期，秦國一個建國不太久的小國。秦國的始封君非子曾替周孝王養馬，因其養馬很有成績，孝王便在天水附近封給他一塊地，作為周的附庸。周厲王時，犬戎勢力強大起來，逐漸向東擴張。宣王命非子之孫秦仲為大夫，討伐犬戎，卻被犬戎所殺。宣王又派秦仲的兒子秦莊公繼續對戎人作戰。在周王室支援下，莊公收復了失去的土地，阻止了戎人的東進。莊公之子秦襄公繼位時，周幽王被殺，犬戎進攻鎬京，襄公曾出兵救周。周王室東遷，岐山以東一帶的土地已無力控制。

周平王對襄公說：「戎人把我岐山和鎬京的地方都侵佔了。你率兵向戎人攻擊，能打到哪裡，哪裡就屬於秦所有。」襄公和他的兒子文公都對戎人進行征戰。秦文公把戎人趕走，奪回了被搶去的周地，從而全部據有西周關中的地盤。進入春秋不久，秦國就東與周王室為鄰，南已越過秦嶺，東北與晉隔河相望。

到秦穆公時，秦國已具備了頗為強盛的經濟力量。於是，穆公開始積極展開對外的軍事、政治鬥爭。秦國要向中原發展，首先接觸的便是晉國。

當時，晉獻公也正在掃滅周圍的小國，為圖霸奠定基業，國力日漸強大。如何與晉國交往？秦穆公經過一番思索，決定採取聯姻策略，與晉國建立和好的關係。於是，穆公讓大夫公子縶代他向晉獻公求婚，請求晉侯將其長女伯姬嫁與他作夫人。穆公的請求得到晉獻公的應允。由此，秦、晉兩國以婚約為紐帶，和好相處。晉獻公死後，晉室發生動亂，秦穆公還支援公子夷吾平息動亂，並擁立夷吾為君，即晉惠公。

聯姻外交，利用姻親的紐帶鞏固雙方的關係，這一謀略自古至今，經常被人採用。通過姻親紐帶建立起來的關係，一般來說，比較牢靠，即使有裂痕，也較容易修補。當然，這當中，必須排除美人計式的姻親。

美人計與聯姻外交的區別在於：美人計意在迷惑對手的視聽，消磨其志氣，削弱其威望，最後打倒對手；聯姻外交則是施計者主動請求締結秦晉，並以達到雙方和好為主要目的。

2 利用各種矛盾，結成暫時的利益同盟

信奉《厚黑學》的人最擅長的就是「黨同伐異」。若有關各方都在為自己打算，但目標相同，這時就可以結成暫時的利益同盟，以強大的力量去共同求人辦事。這種同盟關係雖然談不上穩固，但短期內針對某一兩件事，非常有效。關鍵是要始終盯緊自己的利益，因為這種組合隨時都可能分裂、重組，這種變化很可能影響到你所求之事。為此，可分三步實施：

第一，找出共同的敵人。

大敵當前，最容易形成利益同盟。

晉朝的賈充善於阿諛奉承，深得武帝信用，官至侍中、尚書令、車騎將軍，卻為朝野正直之士所鄙薄，侍中裴楷、任愷、河南尹庾純等人對他更是厭惡有加。於是，他和與他同是一路貨色的太尉顗，侍中、中書監荀勖，越騎校尉馮紞等人相互援引，結黨營私。

晉武帝太元七年，鮮卑族在秦雍一帶的反晉勢力日益強大，前去鎮壓的晉將連遭慘敗。任愷等乘機向武帝推薦賈充出陣，以便把他趕出京城。武帝果然同意。賈充雖然滿肚子不高興，卻只能執行聖旨，準備動身。

公卿百官特地在城西的夕陽亭為他餞行。席間，賈充私下向荀勖請教脫身之計。荀勖胸有成竹地說：「你身為宰相，竟受制於任愷這個匹夫，豈不讓人恥笑！然而，此行想要推辭，的確很難。眼下只有讓你女兒和太子結婚，才能留在京城。」賈充又問：「誰能替我辦這件事？」荀勖說：「我替你去說。」隨後，荀勖對馮紞說：「賈充一走，我們就失去了靠山。太子尚未定婚，為什麼不去勸皇上納賈充之女為太子妃呢？」馮紞贊成，決定採取一致行動。賈充的妻子郭槐又賄賂了楊皇后和她身邊的人，讓楊皇后去做武帝的工作。

武帝原打算讓太子娶衛瓘之女，因禁不住楊皇后不斷吹枕頭風，加上荀勖、馮紞等人幫腔，都極力吹噓賈充之女是絕代佳人，有德有才，也就同意改納賈充之女為太子妃。賈充果然官復原職，不用出陣了。

第二，讓別人去衝鋒陷陣。

做好聯絡工作，結成廣泛的統一戰線，在此基礎上，巧妙地加以煽動，就可以讓別人替你出力。

賈充之女賈南風如願成為太子妃。此女長得身材短小，皮色青黑，眉後有一痣，其醜無比。可是，她機敏好察，兇狠狡詐，好妒忌，有手腕，把白癡太子治得服服貼貼，對她又害怕又喜歡，很少去親近別的女人。

白癡登基以後，賈南風成了皇后。然而，楊駿大權獨攬，對她嚴加防範，根本不讓她染指朝政，使這個急盼一逞野心的女人恨得咬牙切齒。

當時，由於各種原因，從宗室諸王到朝內外大小官吏，許多人對楊駿早就心懷不滿，只需有人居中牽線，隨時可聯手倒楊。

殿中中郎孟觀、李肇因楊駿一向對他們粗暴無禮，便在暗中散布流言，說楊駿將要篡奪帝位。賈后發現這兩個寶貝，立即派親信宦官去和他們祕密聯絡，策劃誅楊駿，廢楊太后。接著，派李肇去動員汝南王司馬亮發兵。汝南王膽小怕事，不願出頭。李肇又去找楚王司馬瑋。楚王年輕勇銳，欣然答應。

永平元年二月，楚王司馬瑋與淮南王司馬允入朝。經過半個多月祕密準備，於三月初八日發難。孟觀、李肇讓惠帝連夜寫詔，以謀反為名廢掉楊駿。又派東安公司馬精率殿中禁軍四百人討駿，楚王瑋率兵屯司馬門，淮南相劉頌領兵屯殿中。

楊駿外甥段廣見事情危急，跪在惠帝面前申請道：「楊駿受先帝之恩，盡心輔政，且孤身無子，哪有造反之理？請陛下詳察。」白癡卻毫無表情。

楊太后在宮中見情勢危急，親手在帛上寫下「救太傅（指楊駿）者有賞」幾個字，讓親侍用箭射到宮牆外邊。不料，帛書被賈后的黨羽得到，賈后立即宣布太后與太傅共同謀反。

不久，殿中禁軍衝出宮城，放火焚燒楊府，弓箭手爬上樓閣，用箭封鎖，府中兵卒一個也出不去。楊駿逃入馬廄，被禁軍用戟殺死，隨同被殺的人多達數千。

第三，自己出來收拾缺局。

外邊的事料理得差不多之後，賈后開始對楊太后採取行動。按照她的暗示，有人上書，要求廢太后為庶人，並將其母龐氏處死。白癡惠帝照辦。楊太后抱住母親號啕大哭，割髮叩頭，表示願為賈后侍妾，求賈氏饒龐氏一命。賈后不許。龐氏死後不到一年，賈后又對楊太后下了毒手，將她身邊僅剩的十幾個侍從全部趕走，斷絕其飲食。楊太后連續八天得不到進食，堂堂一國的太后竟然被活活餓死。至此，楊氏一族遂被滅盡了。

3 多結交有利用價值的人

在《厚黑學》的交際觀念中，社交有資訊共享、情感溝通和相求相助三個基本目標。我們不能只強調資訊共享、情感溝通而拒絕相求相助，更不能把相求相助都當成「勢利」看待。

試想，一個人若既不能與你資訊共享、情感溝通，也不能與你相求相助，你會與他交朋友嗎？人際交往是有選擇性的。選擇就是一種目標的體現。拒絕目標，也就是拒絕交往。

建立「關係」，首先要認清目標，找到有相同需求的人，與之聯繫，建立關係。有人單靠直覺建立「關係」；有人則要努力不懈，才能拓展一點「關係」。前者往往難以預料結果如何；後者比較知曉拉關係的「天時地利」。

蕭望之本是漢朝一位德高望重的老臣，又是當世名儒，因受奸臣石顯排擠，心中積憤，自殺了。他的死，朝野上下議論紛紛，都說是因石顯陷害致死。

此時，石顯已任中書令。他聽到這種議論，膽戰心驚，擔憂天下儒生群起而攻，就想出一個計策，前去結交一位經學名家。此人名叫貢禹，字少翁，琅琊人，以博通經義、品行高潔而聞名當世。宣帝時徵為博士，做過涼州刺史、河南令。元帝初即位，徵為諫議大夫，多次向他詢問政事，虛心聽取他的意見。貢禹鑒於穀物連年欠收，郡國貧困，朝政腐敗，曾幾次上書抨擊朝廷奢侈，建議元帝選賢任能，誅奸邪，罷倡樂，修節儉，輕賦役。這些建議多被元帝採納。朝臣多仰慕貢禹，樂於同他交往。石顯想結交貢禹，不是因貢禹提出的建議利國利民，而是意圖借助貢禹的盛名，掩蓋自己的罪愆。

石顯登門拜訪，貢禹不便拒絕，只好虛與周旋。為了討好貢禹，並標明自己為國薦賢之意，石顯多次在元帝面前稱讚貢禹的美德，又薦舉貢禹為光祿大夫。後值御史大夫陳萬年死，他又薦舉貢禹繼任。這時，許多人都認為石顯能如此薦賢舉能，怎會嫉妒、讒毀蕭望之？貢禹雖多次上書元帝，建議誅除奸邪，卻無一次涉及宦官、外戚。這分明是貢禹以此表示對石顯薦舉自己位列三公的感激之情。

石顯藉薦舉貢禹的美名，為的給自己塗上一層脂粉，隱藏起凶相，裝飾成善面，蒙蔽那些不知者或糊塗者的眼睛，以解脫害人的罪責。然而，風頭一過，他仍專權橫行，凶相畢露。

除了「家族集團」這種天然的「關係網」外，其它「關係網」都非常脆弱。如果你不懂得維護，到你真正要運用時，可能發現這個「關係網」已停止運轉。要維護好「關係網」，主要靠一個「好人緣」。

就某義而言，「人緣」是一個人安身立命的支撐點。有個「好人緣」，你盡可實現自己設計的許多構想；那麼，要怎樣贏得「好人緣」呢？

1．要能容人——人生在世，不如意事常有八九。人事糾葛，牽絲攀藤，盤根錯節；世態百味，甜酸苦辣，難以勝數。人與人有時發生矛盾，心存芥蒂，產生隔閡，個中情結，剪不斷，理還亂，當何以處之？《厚黑學》指出，即使對某人恨之入骨，耿耿於懷，也要做出「冤仇宜解不宜結」、「相逢一笑泯恩仇」的樣子。

2．要厚道——明明對某人的成功非常在意，仍要表現出不眼紅、不嫉妒的樣子，還要歡天喜地地去祝賀他的成功。

3．要培養好人緣，表現出人情味——人與人相處，應當減少「火藥味」，增加人情味。人都有三災六難，哪能沒有一點病痛。你必須在人家最困難的時候，急其所難，替他排憂解困。

4．不要與人失去聯絡，等到有麻煩時才想到別人——「關係」就像一把刀，常常磨，才不會生銹。若是與某人半年以上不聯繫，你就可能失去這位朋友。試著每天打五到十個電話，既擴張自己的「人面」，還要維繫舊情誼。一天打十個電話，一個月下來，更可達二百個。平均一下，你的人際網絡中，每個月大概都可能增加十幾個「有力人士」。

5．不要放棄每一個可利用的目標——與大忙人雖不好聯絡，並不表示絕對無法接近。不要以為位高權重者都高不可攀。只要抓住竅門和時機，就能聯絡到每一個人。大凡有能力、有地位的人，幾乎都有層層關卡保護。若能突破這些障礙，剩下的就不難了。

6．要維護和擴大「關係網」，但不可急於求成——聯絡真正的「人尖兒」，一次不行，再來一次，不斷總結經驗。如果盲目前衝，只有使人離你愈來愈遠。你的積極進取，在別人眼裡可能是「不擇手段」、「沒頭沒腦」。最糟的情形是使你想親近的人紛紛躲避。要建立真正的關係，不可像「攻城掠地」一般。可持續發展的「關係」，應該是長久而穩固的。

正如一位企業界人士所說：「我從不相信三分鐘內就跟我稱兄道弟的朋友。如果要雇用一個人做重要的事，我一定找信得過的人。」

4 要出頭，首先必須引起對方的注意

宋哲宗元祐年間，蘇軾出任杭州太守。一日，剛開始處理公事，稅務官送來一名逃稅的人。這人叫吳味道，是南劍州的鄉貢士。他將兩大包東西冒充蘇軾的名字，假說是運往京城，欲交給侍郎蘇轍。蘇軾問他包內有些什麼東西。

吳味道很害怕，惶恐地說：「我被推薦參加今年秋天的禮部考試，臨行時，鄉親們送了些錢，作為我在京城的花費。我用這些錢買了兩百端建陽紗。因為路上各個關卡都要抽稅，若不設法，到了京城，紗布就剩下不到一半了。我心想，當今天下，大有名氣又愛惜讀書人的，惟有內翰大人（指蘇軾）和侍郎大人（指蘇轍），小人縱然敗露，也必定能得到原諒。於是就冒充先生的名銜，將貨物封好運來。卻不知先生已經光臨此地，我的罪行怕是無法逃脫了！」

蘇軾朝吳味道看了很久，隨即笑令屬下將貨物的舊封條去掉，換上真的名銜，上寫「至東京竹竿巷」。又給他弟弟寫了一封信，交給吳味道，說：「你這回就是上天去，也沒有關係了！」第二年，吳味道考中進士，特地前去拜謝蘇公。

中國歷史上，宦官有著極其特殊的地位。在長期的封建制度下，因宮廷內雜役和其它需要，設置了宦官。其中一部分宦官因與皇帝朝夕相伴，摸透了皇帝的脾氣，成了皇帝的親信。歷代宦官中不乏對百姓做了好事的典型，但也有不少宦官作惡多端。後者有一個共同的特點，就是對皇帝順從、迎合，善於控制各種政治勢力，直到最終大權獨攬。

明熹宗朱由校幼年喪母，由奶媽客氏撫養長大。朱由校即位後，就尊客氏為「奉聖夫人」，並提拔與客氏有曖昧關係的魏忠賢為司禮監秉筆太監。魏忠賢勾結外廷官員，與各種依附勢力結成同盟，形成一股強大的邪惡勢力，史稱「閹黨」。

朱由校自16歲當上皇帝，仍然放不下自幼喜好的木工活，常常整天忙於自己動手劈、鋸、刨或油漆木器。魏忠賢經常在朱由校製作木工器具正高興的時候，拿出一天堆奏章，請他審議，故意惹煩他。這種時候，朱由校哪有心思關心國事？他趕魏忠賢快快離開：「我都知道了。你看著辦吧，怎麼都行！」

就這樣，朝廷裡大事小事，實際上就由魏忠賢說了算。其後，朝中大權一步步掌握到他手裡，事無巨細，都必先向他請示。他等於是「地下皇帝」了。

有些人認為，向上司要求利益，肯定會與上司發生衝突，影響雙方關係；也有人一心埋頭苦幹，任勞任怨，什麼都不敢提，結果往往也就一無所獲。幹好本職工作是分內的事，要求自己應該得到的也合情合理。付出越多，成績越大，應該得到的就越多。只要你能幹出成績，即使向上司要求你應該得到的利益，他也會滿心歡喜。如果你無所作為，無論在利益面前表現得多麼「老實」，上司也不會欣賞你。

找上司辦事，要看事情是否接涉及自身的利益。如果是，上司又很關心你，就會義不容辭地幫你。比如，你的女朋友想調動工作，你通過別的關係，可能費了九牛二虎之力也難以辦成，這時去要求頂頭上司，上司覺得你重視他的地位，使他有了救世主的感覺，他就可能欣然為之。

其次，要掌握好分寸。如果事無巨細都去找，認為上司辦事比你容易，這樣，上司會覺得你這人太不值錢，缺乏辦事能力。大事與小事的區別在什麼地方？這要隨你的單位性質和上司的層次而定。懂得凡事有一個「度」，是最起碼的要件。

接下來，必須在人之常情上下功夫，把自己所面臨的困難說得在情在理。所以，越是哪一點給自己帶來遺憾和痛苦，越是要大加渲染。這樣，上司才願意以拯救苦難的姿態伸出手幫你辦事，讓你終生對他感恩戴德。

最後，必須瞭解上司的好惡，瞭解他平時愛好什麼、讚揚什麼，又憤慨什麼，瞭解他的情感傾向和對善惡清濁的評判標準。上司的同情心有時是誘出來的，有時是激出來的。

5 把「靠山」的作用充分發揮出來

高攀權貴的目的，就是要發揮他的作用，辦成你所求之事。因此，有了「靠山」之後，如何利用才是「麻雀登高枝」這一計策之關鍵。

第一，利用「靠山」消災解難。

《金瓶梅》中，西門慶稱得上是攀附權貴，巧於利用「靠山」的「厚黑高手」。他本是清河縣一個破落戶，在縣門前開了一家生藥鋪。這廝從小就是個無賴，潑皮浮浪，胸無點墨。但他有自己獨有的機靈聰敏之處，對於鑽營、攀附權貴這一套尤為在行。這使他在這個錢能通神，賣官售爵之風盛行的社會裡春風得意，左右逢源，由「一介鄉民」，終於成了個顯赫一方的要人。

小說第九回記載：西門慶夥同潘金蓮把武大郎毒死之後，出差回來的武松找西門慶去報仇，結果誤把李外傳打死。西門慶就乘機賄賂了清河縣知縣，想一下結果了武松的性命，除卻這心頭之患。哪知清河縣知縣的上司，東平府府尹，見武松是個好漢，有意從輕發落，並責令清河縣提西門慶、潘金蓮到東平府審問。西門慶一看來勢不妙，就手急眼快，派家人來保趕往東京，找靠山楊提督幫忙，由楊提督再轉托蔡太師下令給東平府尹，免提西門慶、潘金蓮受審。然後把武松杖四十，刺配二千里外充軍了事，從而使他「感到一塊石頭落了地，心中如去了痞一般，十分自在。」

西門慶這個市儈、流氓，在日後發跡的過程中，儘管接二連三幹出種種壞事，但由於他善於鑽營，巴結權貴，不僅使他躲過了向他襲來的一次次驚濤駭浪，還步步高升，飛黃騰達。

他和李瓶兒勾搭上之後，把李瓶兒的丈夫、自己的結義弟兄花子虛活活氣死。孰料，他正興高采烈，準備迎娶李瓶兒，他在京裡的靠山楊戩突然倒臺。他的親家陳洪因是楊黨中人，遭牽連，匆匆打發兒子、兒媳帶著許多箱籠細軟來投奔他。他女婿把父親給他的書信交給他。他看了之後，頓時慌了手腳，連忙叫吳主管連夜往縣中抄錄一張東京行下來的文書邸報。

西門慶一看這份邸報，「耳邊廂只聽噌的一聲，魂魄不知往哪裡去了。」他已預感到大禍即將臨頭，於是一面急忙把為迎娶李瓶兒而興建的花園工程止住，緊閉大門，收斂自己的氣焰；一面忙打點金銀寶玩，馱裝停當，火速派家人來保、來旺去東京打通關節，給蔡太師送去白米五百石，給右丞相李邦彥送去金銀五百兩。李邦彥受了他的賄賂，竟私下裡把已列入楊黨名單中的西門慶名字改成了賈慶。一場重大災難就這樣逃脫了。在這次性命攸關的案件中，原有的靠山雖然倒臺，但一個更強大的新靠山又攀援上了。從此以後，西門慶幹壞事的膽子愈來愈大。

第二，利用「靠山」抬高身價。

有了位高權重的人當「靠山」，在別人眼裡，你自然也不是一個一般人物。現實生活提醒西門慶：要為所欲為地幹壞事而不受懲，並確保日後飛黃騰達，就得有個過硬的靠山。因此，他想方設法去討好、逢迎蔡京。他選中了蔡京生日這個大好機會，不惜工本，給他送去了一份貴重的「生辰擔」，其中多是極珍貴的禮品，包括杭州定辦的繡錦珍品和現雇工匠在家製作的大件金銀器皿。這一手果然十分靈驗，博得了權奸蔡京的歡心。蔡京立即委了他山東提刑副千戶的官職。平地一聲雷！他就此身價大增，由一名「白衣」，成了堂而皇之的官僚。

西門慶與蔡京的地位畢竟懸殊，有很多事不便直接去找蔡京。於是他就多走蔡京的心腹管家翟謙的門路。他捨得在翟謙身上下本錢，多方收買，好為自己和蔡京之間的聯繫牽線搭橋。翟謙要討個年輕美貌的女子作妾，他就多方張羅，最後物色到韓道國的女兒韓愛姐。他拿出錢來，給韓愛姐裁製衣服、打手飾、準備嫁妝，把她打扮得漂漂亮亮、周周全全，派專人送至翟管家處。翟謙十分高興。

翟謙帶信給他，要他招待並接濟蔡京的假子蔡一泉。下書人告訴他：「小人來時，蔡老爹（指蔡一泉）才辭朝，京中起身。翟爹說：只怕蔡老爹回鄉，一時缺少盤纏，煩老爹這裡多少只顧借與他，寫書去翟爹那裡，如數補還。」對此，他滿口應承。等到蔡一泉前來，他除了設宴盛情招待外，還慷慨地送了「金段一端，領絹一端，合香三百，白金三十兩。」這份重禮，使蔡一泉大喜過望，感動不已，說：「此情此德，何日忘之！」

後來，蔡京兒子的內兄宋喬年和曾受到西門慶熱情接待，大力資助的蔡一泉都點了御史。宋御史、蔡御史兩人出巡山東東平府時，為表示和西門慶之間的親密關係，特意到西門府拜訪。藉由這兩位御史大人的威望，他在眾人眼裡的身價又大大提高了，竟成了個了不起的人物。

後來，他又進一步通過翟謙的拉線搭橋，正式拜了蔡京作乾爹，他的官職也隨之由提刑副千戶升為正千戶。自此，他的身價更是和一般官員不同了。不僅地方上的各級官吏對他側目而視，不敢稍有不敬，就連朝中的太監、大臣、御史一類掌握著大權的人物也不得不巴結他三分。

6 讓第三者扮演說服者

有一本書中提到，美國某家航空公司發覺乘客幾乎都是在不得已的情況下，才肯搭乘飛機。起初，他們認為這是「怕死」的心理在作祟，因此，花了龐大的宣傳費，強調飛機的安全可靠。可惜並未收到預期的效果。於是，這家航空公司決定進行調查，並聘請著名的心理學家狄希特博士主持這項工作。

狄希特先就經常搭乘飛機的旅客做了一項假想測驗，請教他們：「如果獲悉自己搭乘的飛機即將撞山而毀，首先閃入腦海的景象是什麼？」調查結果顯示，這些旅客所關心的並非自己的生死問題，而是親人將如何接受這個不幸的消息。比如有的人腦海中浮現自己的太太聲淚俱下地說：「就是這麼傻！如果聽我的話，搭火車去，不就沒事了。」如此等等。

航空公司按照這個結論，對「家屬」展開了宣傳攻勢。宣傳單上告訴為人妻者：「讓先生搭乘飛機，他會在最短的時間回到你的身邊。」同時，還舉辦「全家同遊」活動，使一些家庭主婦也能享受搭乘飛機旅遊的樂趣。

這一招，果然使公司的業務大為改觀。

在商務談判中，想說服對手接納生意，也可設法讓談判對手扮演遊說他背後之集團的說服者的角色。如前所述，一般情況下，一個人做決定時，大多會優先考慮集團的意向。因為他的潛意識裡會存在著「遵循集團的意向總錯不了」的念頭，認為跟著集團走準沒錯。為此，即使他心裡認為你的理由充分，卻可能不願意因個人的利益而影響背後集團的意志，從而不做任何評論。如果你能使他相信「這些完全符合貴集團的利益」、「對貴集團的前途大有好處」等等，他就會消除與你之間的心理隔閡，轉而站在你這一邊，成為有力的說服者，去說服其所屬集團的有關成員。

除了提供遊說對象「理由」，讓他扮演說服其背後之集團的說服者之外，別忘了給他「報酬」、「實惠」，使他欣然效勞。

有時候，遊說對象可能承認你的說服有道理，卻不願多此一舉，去做你的「掮客」。如果你能掌握時機，使他在是否接納你讓其扮演說服者的建議的「損失」和「利益」，即「得」與「失」之間加以權衡，確確實實明瞭接納你的建議益處很多，他就可能樂於接受。

7 想辦法扇起強大的「枕頭風」

使所求之人最寵愛的「紅顏知己」出面替你辦事，功效最直接。但是，想找到可以以死相報的並不容易。你必須多做點感情投資。要打動這些「紅顏知己」，你必須發揮《厚黑學》中「厚顏」的功夫。

半個多世紀前在上海灘大名鼎鼎的杜月笙，其「厚」功就甚是了得。他最初在上海灘嶄露頭角，全是靠拍女人馬屁的厚功。

一個人無論有多大的才能，如果沒有「伯樂」，也只能鬱鬱不得志。起初，杜月笙頭腦機靈，辦事老練，卻苦於沒有出人頭地的地方。後來他投靠黃金榮，在黃府做了一名打雜的僕役，混在傭人之中，生活倒也安穩。但他一心想要飛黃騰達，不甘處於人下。因此，他「眼觀六路、耳聽八方」，處處謹慎，把分配給自己的活做得又快又好。但他地位太低，拍不上黃金榮的馬屁。為此，他常與黃金榮的貼身奴僕接觸，百般討好。黃公館上上下下對他都大有好感。

終於，有一次，機會來了。

黃金榮的老婆林桂生得病，經久不癒。透過求神占卦，說是要年輕力壯的小夥子看護，取其陽氣，以鎮妖邪。

杜月笙被選中了。

這時候，黃金榮正寵愛林桂生。杜月笙善於察顏觀色，馬上想到，這林桂生的枕頭風絕不亞於颱風中心，威力強大，拍不上黃金榮的馬屁，拍林桂生的馬屁，也必然大有功效。

於是，他「衣不解帶，食不甘味」，十二分盡力地侍候林桂生。別人照顧，無非是隨叫隨到或陪坐一旁，他則全神貫注，不但照顧周到，而且能使林桂生擺脫煩惱，心情愉快。經常是林桂生還沒開口，他就已知道她要什麼東西，立刻送到她的手上。林桂生想到的，他都想到了；甚至有些林桂生沒想到的，他也想到了，把個林桂生服侍得心花怒放，引他為貼心知己，還把背著黃金榮，在外面用「私房錢」放債等事也交給他經管。

果然，杜月笙的「拍」功沒有白費，在林桂生的枕頭風吹動下，黃金榮終於將當時法租界的三大賭場之一——公興俱樂部交給杜月笙經管。

唐朝的大奸臣李林甫也是一個扇動女人「枕頭風」的高手。他善於巴結權貴，更善於巴結權貴的夫人。當時，「武惠妃寵傾後宮」，其子壽王、盛王也因母受寵，受唐玄宗寵愛，皇太子李瑛則備受冷落。李林甫經過一番思謀，便通過宦官，對武惠妃說：「願護壽王為萬歲計。」

謀廢太子，以圖另立，實屬冒殺身之禍的險舉。但李林甫清楚，巧妙地利用皇宮內潛在的太子之爭，不僅不會有險，反而有利。果然，武惠妃對他頗為感激，時常在玄宗面前替他美言。朝中侍中裴光度的夫人乃是武三思之女，李林甫便對其暗中獻媚，以致使武氏「嘗私林甫」。裴光度死，李林甫便迫不及待，欲繼相位。武氏更是鼎力相助，請深受玄宗寵幸的宦官高力士幫助。高力士本出自武三思之家，對武氏所求，自然非常效力。不過，玄宗已決定任用韓休為相。李林甫雖未如願，但由此已足見其野心勃勃，又善於走權貴夫人的門路。

求人辦事，不可總是在熟人之間進行，有時還得闖入陌生人的領域。進入一個陌生的環境，想要迅速打開局面，首先得尋求理想的「突破口」。有了「突破口」，便可以點帶面，由此及彼，鋪展發揮開去，從而實現目的。前面所說，被求者的「紅顏知己」是一個極好的目標。除此之外，老人和小孩也是兩個理想的「突破口」。

香港首富李嘉誠早年推銷過白鐵桶。當時，有一家剛落成的旅館正準備開張。這是推銷鐵桶的大好時機。李嘉誠的幾個同事領功心切，搶先找到旅館老闆。不料皆碰了一鼻子灰，無功而退。原來，這老闆有意與另一家五金廠交易。

李嘉誠覺得，放跑這條大魚，實在太可惜，決定挽回敗局。

他並不急於去見老闆，而是先與旅館的一個職員交上朋友。然後假裝漫不經心地套取那老闆的有關情況，以尋出突破口。據這職員說，他們老闆有個兒子，整天纏著要去看賽馬。老闆很疼愛他，但旅館開張在即，千頭萬緒，根本抽不出時間陪他。

這職員是當作趣聞，說起這件事。可言者無意，聽者有心。李嘉誠自覺已經找到打開那老闆閉門拒客心理的鑰匙。

他讓這個職員搭橋，自掏腰包，帶老闆的兒子到跑馬地快活谷馬場看賽馬，令孩子喜出望外，興高采烈。他的舉動使那老闆大受感動，愛屋及烏遂同意從他手中買下三百八十只鐵桶。

8 讓對方的「身邊人」為你出力

如果對方的「身邊人」並不欠你的情，為了使他心甘情願地為你出力，你必須做好一副完全為他著想的樣子。這樣，他好像是在為自己辦事，自然盡心盡力。

一，你必須從已建立的「關係網」中檢索出可以利用的對象，這個對象一定是你所求的那一個人的「身邊人」。

二，把自己求人的企圖隱藏在全是為對方著想的偽裝之中，向所求之人的「身邊人」曉以利害，描繪出事態發展的趨勢，使對方為了自己，同時也為你奔波。

三，如果能與所求之人的「身邊人」結成利益同盟，去面對共同的敵人，或爭取共同的利益，事情就更好辦了。

明朝隆慶年間，張居正和高拱同居內閣高層。高拱擔任首輔，張居正擔任次輔。張居正和高拱在政治上曾經合作，但更多的時候是互相傾軋、排擠。高拱心胸狹窄，張居正也算不上胸襟寬廣；高拱有能力，張居正更強。俗話說：一山容不下二虎。高拱需要的只是馴服的助手，而不是隨時有可能取己而代的對手。而張居正容忍不了高拱的頤指氣使，更看不慣這位上司的獨斷專行。他一直在窺伺和等待時機，好將高拱趕下臺。

隆慶六年六月，穆宗皇帝去世，由剛滿10歲的太子即位，改年號萬曆。十來歲的孩子當皇帝，只不過做做樣子罷了。高拱利用這個機會，總攬朝中大權。他擅越許可權，管到不該管的地方。這就惹怒了一個非常特別的人物，宮中的宦官頭目馮保。這馮保可是個招惹不起的人物，在宮中恣意妄為，能夠翻手為雲，覆手為雨。他被高拱氣得七竅生煙，怒氣沖沖地跑去找張居正，商議怎樣教訓教訓這不可一世的傢伙。

張居正見馮保找上門來，正中下懷。他決定利用馮保作盾牌，搞垮高拱。兩人密謀半天，一個彈劾高拱的計畫出籠了。

第二天，內閣接到皇帝的「中旨」，任命馮保為司禮監掌印太監，提督東廠。高拱一聽，肺都氣炸了，當場痛罵：「中旨是誰的旨意？皇上只是一個10歲的孩子，一切都是你們幹的！我遲早要把你們這批人統統趕走。回去等著瞧吧！」

高拱立即要心腹輪番彈劾馮保。卻不知馮保已捷足先登，在太后面前大進讒言，說高拱欺皇帝年幼，弄權竊柄，根本就不把皇帝放在眼裡。太后一聽，氣得火氣直冒，大叫一聲：「這還了得！」便去向小皇帝面授機宜，要他放逐高拱。

第二天早朝，馮保挑起彈劾高拱的事端。高、馮二人在朝廷上你一句我一句，鬥得火熱。這時，小皇帝要次輔張居正談談看法。其他大臣奏明，今天張居正請病假在家，沒有來上早朝。大家都疑惑不解：昨天張次輔還好好的，今天怎麼突然病了？眾人不知，這正是張居正為搞垮高拱，使出的一記殺手鐗：高、馮鬥爭白熱化，張居正卻突然稱病在家。內閣中的次輔都沒幫首輔講話，這本身就是一種表態。

馮保自然深知此中玄機，攻擊更為猛烈。

元月十六日，天色未明，高拱小心翼翼地前來早朝。他猛地抬頭一看，小皇帝邊上站著神態自若的馮保。高、馮四目相對，勝負已分。很快，馮保向高拱宣讀了太后和皇帝的諭旨，直斥他蔑視皇帝，攬權擅政。諭旨宣讀完畢，立即有幾個內侍上來奪去高拱的冠帶，勒令他回原籍「閑住」，實際就是變相軟禁。

張居正是一個真正的「厚黑高手」，本是故事的主角，卻只在幕後操盤。他非常適時地「病」了。這一著，可不是人人都想得出來的。

9 製作一張能把各種關係挖出來的「聯絡圖」

在一個陌生的領域求人辦事，必須善於利用你的熟人，讓熟人介紹你想認識的陌生人。這是一條必要之路。

不是特殊關係，一般人不會主動把自己的朋友介紹給別人，尤其是在大家都很忙的時候。所以，想認識某某人，就要主動找熟人介紹。比如，當朋友與某人交談時，你主動上前同朋友打聲招呼，說幾句話。

一般而言，他必會主動介紹一下正與他說話的人。如果他沒有介紹，你可問一句：「這位是……」他告訴你之後，你趁機與對方說點什麼。但不要談太長的時間，以免耽誤朋友的事，讓對方認為你不禮貌。簡單地說兩句之後，你就起身告辭，或是再加上一句：「回頭我們再聊，你們倆先談吧！」

你也可以在朋友與那人交談完畢後，再問一問：「剛才與你談話的人在哪兒工作？」如果覺得有必要結識，或可與他談一些有關的事情，就請朋友為你介紹一下：「我想認識那位朋友，幫我介紹一下好嗎？」

一般人都很願意幫人介紹，因為這樣做會顯得自己很能幹，交際面廣，朋友多。去參加某個活動時，你可以主動請東道主介紹幾位朋友。如果人不多，你可以請東道主把你介紹給大家，然後你就可以與任何一位談話。你與東道主若關係密切，在場的人必然很高興認識你。即使你與東道主關係一般，他把你請來了，就會滿足你這個要求。但你必須主動提出。

由此可見，求人辦事，並不一定要在此之前，所有領域的人都認識。實際上，這也不可能。但是，你必須「識門認路」。這時，你就需要一張由各種關係組成的「聯絡圖」。

然而，要如何畫出這張「聯絡圖」呢？

第一步，篩選——把與自己的生活範圍有直接和間接關係的人記在一個本子上，把沒什麼關係的記在另一個本子上。這就像是打撲克中的「埋底牌」，把有用的留在手上，無用的埋下去。

第二步，排列——要對自己認識的人進行分析，列出哪些人最重要，哪些人次要，根據自己的需要排列。這就像打撲克中的「理牌」：明白自己有幾張主牌，幾張副牌，哪些牌最有力量，可用來奪分保底，哪些牌只可用來應付場面。

第三步，分類——必須掌握相關各造不同的作用。因為生活中一時有難，需要求助於人，事情往往涉及到很多方面，你需要很多方面的資源，不可能只從某一方面獲得。比如，有的關係可以幫助你辦理某些事，有的能夠幫助你出謀劃策，有的則只能為你提供某種資訊。雖然作用不同，但對你都可能至關重要，所以一定要進行分門別類，分析、鑒別各種關係的功能和作用，把它們編織到自己的人際網絡之中。

這時，你就造出了一張「聯絡圖」。有了這張圖，你才可能有效地打好自己的牌。知道在什麼情況下可以打什麼牌，就不會出現求人辦事時，要錢沒錢，要關係沒關係，不知從何處著手。

這個社會紛繁複雜，真真假假，假假真真，誰能時刻提那麼高的警惕去辨別真假？因此，很多人就可以鑽空子。

當然，在求人辦事的過程中，「聯絡圖」是死的，它能發揮什麼作用，關鍵要看掌握它的活人如何利用。

有個富翁對窮人說：「我家有了十萬之蓄了！」窮人說：「我也有十萬，你的有什麼稀奇？」富翁很吃驚，連忙問道：「你的十萬在哪裡？」窮人說：「你平時有了不肯用，我是想用卻沒有，咱們兩人還不是一樣？」

一個人的關係再多，關係網再大，如果不懂得巧妙利用，讓這張網運轉起來，就會像上述的富翁一樣，有等於沒有，以至於在需要求人辦事時摸不到「廟門」。

有個朋友接編某份雜誌。雜誌的財源並不豐裕，人手少，稿費不高。他不願因稿費不高而降低雜誌的水準。於是，他運用人情，向一些作家邀稿。這些作家和他都有過交情。其中一位在寫了數篇之後，坦白地向他說：「我是以朋友的立場寫稿，但你們稿費太低了。這錯不在你，但你這樣子做，是在透支人情。」

人和人相處，總會有情分，這情分就是「人情」。有些人便喜歡用「人情」辦事。但「人情」有其限量。這像銀行存款，你存得越多，可領出來的錢就越多，存得越少，可領出來的就越少。

你若和某人只是泛泛之交，能要他幫的忙就很有限，因為他沒有義務和責任幫你大忙，你也不可能一次又一次要他幫你的忙。你要求的多，就會透支了。透支之後，一般會造成兩個結果：

一、是你們之間的感情轉淡，甚至他避你惟恐不及，進一步使情分就此斷了。

二、是你在他眼中變成不知人情世故的人，把你列入「拒絕往來」戶。

10 冷廟燒香，助人助己

一般人都對顯赫的大人物趨之若鶩，厚黑之士當然也不例外。他們的高明之處在於：同時也非常注意給冷廟的菩薩上支香。

香火盛的熱廟，燒香人太多，菩薩注意力分散，你去燒香，不過是香客之一，顯不出你的誠意，引不起菩薩特別注意，一旦有事，你去求他，他也以眾人相待，不會特別幫忙。

冷廟的菩薩就不然了。平時，冷廟門庭冷落，無人禮敬，你虔誠地去燒香，菩薩對你當然特別注意，認為你是他的知己。你同樣燒一炷香，菩薩就認為是天大的人情，一旦有事，你去求他，他自然特別幫忙；即使將來風水轉變，冷廟變成熱廟，菩薩對你還是會特別看待，認為你不是勢利之輩。

你的朋友之中有沒有懷才不遇的人？如果有，這就是冷廟。這朋友是個有靈的菩薩，應該與熱廟一樣看待他，時常去燒燒香，逢到佳節送些禮物。他是窮菩薩，你送的禮物務求實惠。當然，你只是往，他是不會來的。不是他不知還禮，而是無力還禮。然而，一旦他日後否極泰來，他第一個要還的人情當然是你的。他有還人情的能力時，你雖然不說，他也會自動還你。

有一位出版商，平時很注重人際關係的建立，不論大人物或小人物，他都不吝於和他們建立關係。據說，有一位與他從未謀面的作家因為急需，向他借錢，他二話不說就掏出了兩萬元。廣結緣的結果是：他因而得到很多好稿子。後來，當他面臨危急狀態時，有很多人幫他渡過難關。

以在銀行存錢為喻，他的做法是——先存再提！

「先存再提」有「利用、收買」的味道。但從另一個角度看，建立良好的人際關係，本就有這樣的好處，會成為存款者一生中最珍貴的資產。而且，別人的善意回報，有時是附帶給付「利息」的。

那麼，如何「儲蓄」人際關係呢？

首先，不忘給人好處。大好處，領受者會受寵若驚，以為你別有居心，從而採取防衛的態度。因此，宜從小好處給起，而且要給得自然、有誠意。這是運用人性中貪小便宜的因子，相當有效。

其次，不忘關懷人。「關懷」沒有標準，實質的關懷、精神的關懷都可以。在對方不得意或生活遭遇困難時，這種關懷特別具有力量。

再來，不要得罪人。得罪人對人際關係的傷害很大，切莫輕易犯之。

最後，不在乎被人佔便宜。被佔便宜看似一種損失，其實是一種投資。因為對方會覺得有所虧欠，恰當的時候便會有所回報。當然，太大的虧是不能吃的。但如果明知討不回公道，那就不如認了。另外，有些人占了便宜還賣乖，而且沒有虧欠之心。對這種人不必有所期待。

大多數人都難逃脫一個「情」字。所以，在平時的人際交往中，「感情投資」大有需要。以做生意為例，所謂「感情投資」，就是在生意之外多加一層相知和溝通。若能在人情世故上多一份關心、相助，遇到不順利的情況，就能夠相互體諒。

你在生意場上遇到比較投緣的人，合作成功，感情自然融洽起來。問題在於：如何保護和持續這種關係？

在商場上，爾虞我詐很平常。這就很容易引發雙方的猜疑之心。諷刺的是，相互最仇視的對手，往往原先是最親密的夥伴。

為什麼走到這一步？因為忽略了「感情投資」。

很多人都有這種毛病：一旦關係好了，就會忽略雙方關係中的一些細節問題。像是該通報的信息不通報，該解釋的情況不解釋。結果日積月累，終至形成無法化解的隔閡。

更糟的是，關係親密之後，雙方對另一方的要求都越來越高。稍有不周或照顧不到，就發出怨言。由此很容易形成惡性循環，最後使雙方的關係崩解。

正如前述，「感情投資」可看作是在感情的帳戶上儲蓄，以贏得對方的信任。日後當你遇到困難，需要幫助，就可以利用這種信任。即便你犯了什麼過錯，也很容易得到對方的諒解。

反之，不肯增加儲蓄，只想大筆支取，這樣的銀行帳戶根本不存在。你毫無儲蓄，到需要用錢時，就必然無錢可用，那只有借債了。但欠債終歸要還，到頭來還是要儲蓄。

如果你求人幫助的是一件名利雙收的事，那幫你的人或許也希望從中得到一些名或利。他若什麼都得不到，你卻名利雙收，他就會在心理上失衡。現代人對口頭許諾大多不感興趣，所以，你最好提前滿足對方的欲望。如果不能，也一定要信守承諾。如果你不能履約，以後再求對方就難了。

11 做個正邪、是非、榮辱皆忘的「不倒翁」

行「厚黑之道」必須徹底，否則不如不做。要做「厚黑之士」，就必須撇開正義感、是非感、榮辱感，只求活得舒服、滋潤，一生做風向標，當牆頭草，成不倒翁，哪邊風硬哪邊倒。

唐末五代的馮道可謂精通此中門道的厚黑大師。縱觀馮道的一生，可發現他四個最突出的方面，足供求人辦事者借鑒。

第一，要投靠其事業正處於上升階段的人，以確保自身的前程光明。

唐朝末年，軍閥割據，戰亂頻繁。李克用在晉陽獨霸一方。李克用雄才大略，其子李存勖在滅梁之後初期也頗有作為。馮道大概是看到了這一點，才投奔李存勖。

在此之前，馮道在離家鄉頗近的幽州做小吏。當時，統治幽州的劉守光十分兇殘，殺人成性，對屬下，一言不合，即加誅戮，殺了之後，甚至叫人「割其肉而生啖之」。馮道與這樣的人相處，自然很危險。

一次，劉守光要攻打易、定二州。馮道勸阻，惹怒了劉守光，幾被殺死。經人說情，被押在獄中。由此可見，當時的馮道堪稱正直。

後來，他經人幫助，逃出牢獄，奔太原，投在晉大將張承業麾下。經張承業推薦，成為李存勖的親信。

馮道起初擔任晉王府書記，負責起草收發各種政令文告、軍事信函。

李存勖滅掉後梁，建立後唐以後，只重視那些名門貴族出身的人，對馮道這類沒有「來歷」的人頗為輕蔑。直到莊宗李存勖被殺，明宗即位，馮道才被召回。明宗鑒於前朝的教訓，重用有文才的人，以文治國。馮道這才被任命為相，真正發跡。

第二，要了解「靠山」的根基是否已經動搖，要在最適當的時機改換門庭。

後唐明宗去世以後，他的兒子李從厚即位。李從厚即位不到四個月，同宗李從珂即興兵起事，要奪取帝位。李從厚得到消息，慌忙跑到姑丈石敬瑭的軍中。

第二天早上，馮道及諸大臣來到朝堂，找不到皇帝，才知道李從珂兵變，並已率兵往京城趕來。

馮道本是明宗一手提找，被任命為宰相，按理說，此時正是他報答明宗大恩的時候。但他想到，李從珂擁有大軍，且性格剛愎，而李從厚不過是個孩子，即位以來，尚未掌握實權，為人又過於寬和優柔。權衡了利弊之後，他決定率百官迎接李從珂。

就這樣，馮道由前朝元老重臣搖身一變，成了新朝的開國元勳。只是，李從珂對他實在不放心，不敢委以重任，把他放到外地任官。後來又覺得過意不去，把他調回京中，給了他一個沒有多大實權的司空之職。

不久，石敬瑭同李從珂發生衝突，在契丹人支援下，打敗了李從珂，做了中國歷史上臭名昭著的「兒皇帝」。他以恢復明宗為號召，把原來明宗的官吏大多復了職，馮道也在其中。石敬瑭對他既往不咎，馮道自然樂得繼續當官。

第三，要及時對「新主人」表忠心，以打消對方的懷疑。

石敬瑭即位後，第一件大事就是實現對耶律德光許下的諾言。否則，王朝就有傾覆的危險。但自稱「兒皇帝」，向契丹皇帝與皇后低首，實在說不出口。據載，寫這道詔書的官吏當時「色變手戰」，乃至於「泣下」。至於派去契丹的冊禮使，更要忍辱負重，冒生命危險。石敬瑭想派宰相馮道去，一來顯得鄭重，二是馮道較為老練。但他很為難，怕馮道拒絕。誰知他一開口，馮道居然毫不推辭。

馮道圓滿地完成了這次外交任務。他在契丹留了兩個多月。經過多次考驗，耶律德光覺得這個老頭兒確是忠實可靠，決定放他回去。誰知馮道竟不願回去，多次上表，表明願意留在契丹。經多次奏章往還，耶律德光一定要他回去。馮道這才顯出一副依依不捨的樣子，準備啟程。一個月後，他才上路。在路上又走走停停，走了兩個多月，才出契丹的國境。

隨從不解地問：「能活著回來，恨不得插翅而飛，您為什麼要走得這麼慢？」馮道說：「一旦走快了，就顯出逃跑的樣子，走得再快，契丹的快馬也能追上，那有什麼用？反不如慢慢而行！」

出了這趟差回來，馮道可真風光極了，連石敬瑭都得巴結他。石敬瑭讓他手掌兵權，「事無巨細，悉以納之。」不久，又加封他為「魯國公」。

石敬瑭的後晉政權只維持了十年多一點就完蛋了。後晉開運三年，耶律德光率三十萬軍隊南下。馮道大概覺得契丹人可以穩坐中原江山了，就主動投靠。他滿以為耶律德光會熱烈歡迎。沒想到北方夷族不懂中原的人情世故，耶律德光一見馮道，就指責他輔佐後晉的策略不對。這可把馮道嚇壞了。他的態度更加謙恭，小心侍候。

耶律德光問道：「你為什麼要來朝見我？」馮道回答：「我既無兵無城，怎敢不來？」又問：「你這老頭兒是什麼樣的人？」答曰：「是個又憨又傻、無德無才的糟老頭！」馮道以老朋友的姿態裝憨賣傻，卑辭以對，弄得耶律德光他老兄哭笑不得，就沒有為難他。

不久，耶律德光見中原百姓生靈塗炭，便問馮道：「怎樣才能救天下百姓？」馮道裝出一副真誠的樣子回道：「這時候就是如來轉世，也救不了此地的災難。只有陛下才能救得！」

其後，耶律德光越來越相信並喜歡馮道，讓馮道當了遼王朝的「太傅」。後來，有人檢舉馮道曾參與抵抗契丹的行動，耶律德光反為他辯護道：「這人我信得過。他不愛多事，不會參與逆謀。你們不要妄加攀引！」

第四，腳踩多隻船，確保任何時候都有多條求人的門路。

在中原百姓反抗下，契丹人被迫撤回北地。馮道隨契丹撤到恒州，趁契丹敗退之際，逃了回來。這時石敬瑭的大將劉知遠趁機奪取政權，建立了後漢王朝。劉知遠為了安定人心，籠絡各方勢力，拜馮道為太師。

劉知遠的後漢政權剛剛建立四年，他便死去，郭威立即扯旗造反，帶兵攻入京城。這時，馮道又故伎重施，準備率百官迎接。他做了後唐明宗的七年宰相，尚且不念舊恩，何況後漢太師只做了不到四年，更是不足掛齒。

馮道率百官迎郭威進汴京，當上了郭威所建的後周政權的宰相，並主動請纓，去收伏劉知遠的宗族劉崇、劉贇等手握重兵的將領。劉贇相信了馮道，認為這位三十年的故舊世交不會欺騙他。沒想到一到宗州，就被郭威的軍隊解除了武裝。

沒過幾年，郭威病死，郭威的義子柴榮繼位，是為世宗。割據一方的後漢宗族劉崇勾結契丹，企圖一舉推翻後周政權。馮道根據半個世紀的經驗，認為此次後周怕是保不住了，肯定又得改朝換代。他雖已年逾花甲，卻還想保住官位爵祿。

柴榮當時只有三十四歲，年紀不大，卻很有膽識、氣魄。劉崇、契丹聯軍襲來時，多數大臣都認為皇帝新喪，人心易搖，不可輕動。柴榮卻執意親征。眾臣見柴榮意志堅定，不再多說。馮道卻冷嘲熱諷，惹得柴榮大怒。他私下裡對人說：「馮道太看不起我了！」

其實，馮道倒不是看不起柴榮，而是為自己在下一個什麼朝代做官留下一條後路，弄一點兒投靠新主子的資本。

誰知柴榮還真不怕邪，親率軍隊，於高平之戰中大敗劉崇、契丹聯軍。就在柴榮凱旋之際，馮道也油盡燈枯，壽終正寢。

12 「厚臉黑心」之外，還得有點真功夫

清朝最後一個大太監小德張歷經清王朝最後兩代，憑藉其察顏觀色、聰明伶俐、善於揣摩主子的心思，一呼即到，一到就有別的太監所不具備的「高超本領」，先後贏得了慈禧、隆裕兩朝皇太后的寵信。那麼，他是靠什麼起家的呢？

宮中有數以千計的太監，並不是每個太監都直接為皇帝、太后、皇后服務，大多是在宮中幹些雜役、粗活兒，一直到死，連皇帝、皇后、太后長什麼模樣都不知道。南府戲班的太監戲子就不一樣了。看戲是慈禧太后生活中不可缺少的一部分，為她演戲，總有機會得到掌識。能演主角，就更有出頭之日。

小德張進南府戲班時已17歲。演戲需要唱、念、做、打等多方面的深厚功底，演員必須從小練起，一招一式，精雕細琢，練就所謂「童子功」。17歲的年紀，一切要從頭做起，練出點名堂，必須付出常人無法忍受的艱辛，吃別人吃不了的苦。

初時，小德張還不能演主角，只能跑跑龍套。其後，他抓住一次千載難逢的機會，由此改變了自己的命運。這一天，慈禧要看《盜仙草》。小德張出演鹿童。他正

要上場演出，一件意外事故發生了。當時臺上正演出一場打鬥場面，飾演白蛇的演員一個人要踢回從幾個方向飛來的長槍。這太監曾多次在臺上亮這一手絕活兒，能不偏不倚、不輕不重地把長槍踢到預先設定的地方。這一次，他一腳將一根長槍踢飛，長槍直奔台下飛去。眼看一場橫禍就要發生，在場的所有太監戲子都驚呆了。只見小德張一個跟頭翻過去，把那桿長槍挑了回來，不輕不重地落到「白蛇」腳下。「白蛇」趕緊接住，踢到該踢的地方。

事後，從外面請來教這齣戲的京劇名家楊隆壽對戲班首領說：「小德張是一個演戲的好材料，讓他學武生和小生吧！」這意味著小德張從此再也不用默默無聞地跑龍套、演配角了，他終於有了演正角的機會。小德張當然很高興。更令他興奮的是慈禧對他的賞識。慈禧對這齣戲非常熟悉，知道劇中沒有鹿童飛身接回長槍這一情節，覺得有些奇怪。當她弄清楚是小德張急中生智，化險為夷之後，不但沒有怪罪南府戲班，反而提拔小德張為太后宮中的回事太監，並賜小德張以「恒太」為名。

喜從天降，小德張竟當著戲班班主的面失聲痛哭。他知道，能得到「老佛爺」的賞識太不容易了；能在她身邊服侍，更是許多太監求之不得的。他終於看到「光明」的前途。之後短短幾年，小德張被慈禧連續提拔了五級，從一個默默無聞的小太監，一躍而成為御前首領兼管南府戲班總提調。

ch.3

大膽作為，會產生誇張的效果

運用「吹牛」，方法多種多樣，千奇百怪，目的和效果也不盡相同。求人辦事，首先就要敢於並善於「拉大旗作虎皮」。與「狐假虎威」相比，雖然兩者都是靠更加有威勢的第三者施加壓力，促成所求之事，但是，對後者來說，「狐」與「虎」確實存在著某種聯繫，而本策略最妙之處在於，求人者其實根本與這個第三者沒有任何關聯，只是假借它的名頭唬人罷了！

1 利用「移花接木」提供想像空間

所謂「移花接木」，是利用一般人「眼見為實」和「先入為主」的思維定勢，達到使你所求之人相信的目的。

第一，巧妙利用「耳聽為虛，眼見為實」。

倫敦一家門可羅雀的珠寶店為了擺脫岌岌可危的困境，老闆決定利用移花接木，把他的珠寶店與黛安娜王妃聯繫起來。

一天傍晚，這家珠寶店突然張燈結綵。老闆衣冠楚楚，站在臺階上恭候嘉賓。不一會兒，一輛高級轎車在門前戛然而止。黛安娜緩緩從車裡走出。她嫣然一笑，親切地向行人點頭致意。周遭的人見此情景，立即蜂擁而上，想一睹王妃的風采，久久不願離去。有的少年還大膽擠上前，吻了王妃的手。路邊的警察急忙過來維持秩序，防止圍觀者影響王妃的正常活動。

老闆笑容可掬，感謝王妃光臨本店，隨即引王妃進入店內向櫃檯走去。售貨員拿出項鍊、鑽石、耳環、胸針等最貴重的首飾任其挑選。黛安娜面露喜色，愛不釋手，連聲稱好……

預先安排的電視錄影機將此情景一一攝入鏡頁，第二天便在電視臺廣為播放。雖然自始至終沒有一句解說詞，更沒有誘導廣告，但珠寶店的店名、地址卻是相當醒目。這家珠寶店立即轟動了整個倫敦。

那些好趕時髦的年輕人及黛安娜迷立即聞風而來，競相搶購黛安娜王妃所讚賞的首飾。珠寶店老闆滿面春風，親臨櫃檯，應接不暇。僅幾天的營業額就超過開業以來的總營業額，而且生意一天比一天更紅火。

第二，只做不說，提供想像空間，由對方自己去想像。

前述的珠寶店生意越做越大，成了街談巷議的重要新聞，更震動了皇宮。皇家發言人鄭重聲明：「經查日程安排，王妃在那天決沒有去過那家珠寶店。」

關注此事的人都以為珠寶店老闆必然被起訴。然而，這老闆鎮定自若。他承認從未有過王妃來過本店。那天盛情接待的女貴賓是他煞費苦心找來的。她的氣質、神態、舉止、身材都酷似黛安娜王妃；經美容師化妝，其髮式等等也幾乎與黛安娜一模一樣。但她畢竟不是黛安娜。電視臺所播的錄影從頭到尾只有音樂，未置一詞，因此，珠寶店所為並未構成詐欺。人們想當然地誤認為此「黛安娜」為彼黛安娜，那是他們自己的事。

瞧瞧這珠寶店老闆的「移花接木」技法何等高明！他的說辭何等冠冕堂皇！給「謊言」加點「真實」的「佐料」。說謊者時時有被捅破的風險。為此，真正的厚黑之士決不會蠻幹，他們會在99％的「謊言」中加上1％的「真實」。

東漢桓帝時，「十常侍」之一的張讓因幫助桓帝奪權有功，被封為侯爵。此人把持朝政，一手遮天，官員的提拔升遷都是他一個人說了算。因此，巴結他的人擠破了門檻。那些想拿錢買官的人都千方百計接近他，討好他。

這時，有個名叫孟佗的富商販運貨物來到京城，聽到這一情況，心中立即構思了一個生財之道。他打聽明白，知道張讓因在宮中侍候皇上，所以家中由一管家主持日常事務，有人求見張讓，都是由這管家事先安排。孟佗便在這位管家身上做起文章。他探知這管家天天去哪家酒館，便早早在那裡等著，伺機接近。

有一天，這位管家吃完了酒，卻忘了帶銀子。酒館因是熟人，說沒關係。可這管家總覺得很失面子。這時，孟佗趕忙上前，代他付了賬。這管家心中感激，立刻與孟佗攀談起來。商人的油嘴和頭腦誰比得上？不長時間，孟佗就把管家給「搞定」，兩人成了無話不談的知己。

初戰順利，孟佗加緊使勁，在這位管家身上花了不少銀子，最後竟然使得這位慣於「吃黑」的老手也有點過意不去，主動問他有什麼要求。孟佗見問，心中大喜，但仍然不露聲色，忙說沒什麼要求，只是交個朋友。這管家一再說要幫忙。孟佗便說：「別無所求。若您不為難，只希望能夠當著眾人對我一拜。」管家畢竟是個奴才，拜人慣了，這有何難，當即問答應。

第二天，孟佗來到張讓府前。那些盼望升遷的人早已擠滿了胡同。日頭老高了，這位大管家才在小奴才陪伴下開門見客。眾人一下擁上前。大管家在門階上見孟佗站在人後，不食前言，率領眾奴才撥開眾人，倒頭便向孟佗拜去，把孟佗客客氣氣地迎進府中。

這景象直把那班等候的人驚在那裡，心想：這位鼻孔朝天的大管家對孟佗如此客氣，看來那孟佗與張讓肯定不是一般關係。所以，那些找管家排不上號的人便轉來找孟佗走門子，送來大量金銀財寶。孟佗來者不拒，一概應允，不出十天，便收下數十萬錢財。然後，他瞅個黑夜，帶著錢財離開了京城。

2 給「一己之私」編個冠冕堂皇的理由

求人就要說出求人的理由。當然可以說出真實的理由。但這不是「厚黑求人」的辦法。在求人的理由上做文章，「臉上貼黃金」，把本來非常自私的目的說成是為了「全人類的幸福」——如此的厚顏無恥。只有提到這樣的高度，才能使所求之人難以拒絕，甚至不敢拒絕。

二次大戰期間，由於伍道夫善於做美國國防部的「思想工作」，從而使因戰爭而陷入困境的可口可樂起死回生。

戰爭與飲料，似乎風馬牛不相及。但善於經營的伍道夫經一位正在菲律賓服役的同學點醒，得知在南洋那麼熱的地方，如果能喝到可口可樂，真是舒服極了。而且，當地老百姓一旦迷上了可口可樂，這生意可就太大了。他興奮莫名，立即找到美國國防部，將自己的想法和盤托出。不料五角大廈的官員根本不把這種想法當回事，甚至懷疑他是「癡人說夢」。

伍道夫並沒有因此退卻。他費盡口舌，一定要國防部相信可口可樂對前方將士的重要。為此，他組織了三人小組，寫出了一份關於可口可樂對前方將士的重要性及密切關係的宣傳資料，經他修改，成了一份圖文並茂的精美小冊子：《最艱苦之戰鬥任務的完成與休息的重要性》。內容特別強調：戰場上，在可能的情況下，戰士必須有所調劑。如果一個完成任務的戰士在精疲力竭、口乾舌燥之際，能喝上一瓶可口可樂，該多麼愜意。

其後，他更召開了一次大型記者招待會，特邀國會議員、戰士家屬和國防部官員出席。會上，他不斷強調：可口可樂是軍需品，更是為了對海外浴血奮戰的兄弟表達誠摯的關懷，為贏得最後的勝利，所貢獻的一份力量。

他的話贏得了戰士家屬的支持。一位老婦人緊緊地抱著他，說：「你的構想太偉大了！你的愛心必能得到上帝的支持！」在輿論壓力，以及戰士家屬和國會議員促請下，國防部官員終於同意了伍道夫的構想。

不僅如此，五角大廈乾脆好人做到底，宣布不僅把可口可樂列為前方將士的必需品，還支援伍道夫在前方設廠，生產可口可樂，以供應戰士的需要。但是，戰時設廠投資，冒險性太大，因而這龐大的資金也就自然由國防部負責。

供應前方可口可樂的消息一傳出，戰士們反應熱烈。雖然這使國防部無形中增加了一大筆支出，但考慮到前線將士的渴望和士氣，國防部索性宣在：不論在世界的哪個角落，凡是有美國軍隊駐紮的地方，務必使每個戰士都能以5美分的價格喝到一瓶可口可樂。這一供應計畫所需要的一切費用和設備，國防部將全力給予支援。

自此以後，可口可樂的海外市場迅猛發展。特別是東南亞炎熱地帶，可口可樂更成了當地人渴慕的飲料。

大戰結束後，可口可樂隨著美軍登陸日本，又一次掀起可口可樂熱，使整個日本飲料界大為震驚。

3 創造和把握「往臉上貼金」的機會

「東北王」張作霖曾自導自演了一齣好戲，成功地為自己挖好了一條地道，巧妙地向自己所求之人表了忠心，結果官運亨通，扶搖直上。張作霖野心勃勃，雖說當時是個土匪大頭目，但他朝思暮想，要弄個朝廷的官幹幹。

奉天將軍增琪的姨太太從關內返回奉天。此事被張作霖手下幹將湯二虎探知，急忙向他報告。

張作霖一拍大腿，說：「這真是載貨送到家門問了！」

湯二虎奉張作霖之命，在新立屯設下埋伏。待那姨太太一隊人關到來，他立即一聲吶喊，阻截下來，隨後把他們押到一個大院裡。

增琪的姨太太和貼身侍者被安置在一座大房子裡，四周站滿了持槍的士匪。這時，張作霖已經接到報告，當即飛馬來到大院。他故意提高聲音，問湯二虎：「哪裡弄來的貨色？」

湯二虎也提高聲音回答：「這是弟兄們在御路上做的一筆買賣，聽說是增琪將軍的家眷，剛押回來。」

張作霖假裝憤怒：「混帳東西！我早就跟你們說過，咱們在這裡是保境安民，不要隨便攔劫行人。我們是萬不得已，才走綠林這條黑道。今後如有為國效力的機會，還得求增大人照應！你們今天做出這樣的蠢事，將來如何向增琪大人交待？也罷！你們今晚要好好款待他們，明天一早送他們回奉天。」

這番話，增琪的姨太太在屋裡聽得清清楚楚，當即傳話，說要與張作霖面談。張作霖立即派人先給她送去最好的鴉片，然後入內跪地參拜。

姨太太很感動地說：「聽你剛才的一番話，將來必有作為。只要你保證我平安到達奉天，我一定向將軍保薦你！」

張作霖聽後大喜。

次日清晨，張作霖侍候增琪的姨太太吃好早點，然後親自恭恭敬敬地帶領弟兄們護送她回奉天。

這姨太太回到奉天之後，立即把途中遇險和張作霖願為朝廷效力的事向增琪講了一遍。增琪十分高興，立即奏請朝廷，把張作霖的隊伍收編為巡防營。張作霖從此告別了「胡匪」、「馬賊」的生涯，成為清廷管帶。

4 利用「負負得正」的效應

厚黑之士求人時，都非常善於「沽名釣譽」。這一招頗具功效，常常是求財得財，求官得官。

隋末，李勣本是李密的部屬。後隨故主投到李淵父子麾下。此時天下大勢已趨明朗。李勣看出，只有取得李淵父子的絕對信任才有前途，於是他把「東至於海，南至於江，西至汝州，已至魏郡」的所據郡縣土地人口圖親送到關中，當著李淵的面獻給李密，說既然李密已決心投降，那他所據有的土地人口就應隨主人歸降，由主人獻出。否則，自獻就是自己邀功，屬「利主之敗」的不道德之行。

李淵在一旁聽了，十分感動，認為李勣能如此盡忠故主，必是一個忠臣。為此，李勣歸唐之後，很快得到李淵的重用。反之，李密降唐後又反唐，事未成而「伏誅」。

按理說，一般人到了這種時候，避嫌猶恐不及。李勣卻公然上書，奏請由他去收葬李密。惟其「公然」，才更添他的「高風亮節」。假如他偷偷摸摸，就可能得到反效果。「服衰經，與舊僚吏將士葬密於黎山之南，墳高七仞，釋服而散。」這純粹是做給活人看。表面上，這似乎有礙於唐天子的面子，是愚忠。實際上，李勣早已料到這一舉動將收到與以前獻土地人口同樣的神效。果然「朝野義之」，公惟他是仁至義盡的君子。從此，他更得朝廷推重，恩及三世。

李勣取的正是一種「負負得正」的心理效應，迎合了一般人不信任直接對己的甜言蜜語而相信一個人與他人相處時表現出的品質，即側面觀察的結果，尤其是迎合了一般人普遍喜愛那種脫出常人最易表現的忘恩負義、趨吉避凶、奸詐易變的人性弱點而表現出大丈夫氣概的認同心理，看似直中之直，實則大有深意。

單純地給自己臉上貼金，所求之人不一定相信，或是即使相信，也不一定會生出好感。為此，《厚黑學》教人在吹捧所求之人的過程中巧妙地抬高自己身價。這是一種高級的「貼金」法。

在英國南部海岸巴格斯山丘附近的一個工業區，有一家小規模的電子工廠，由一位高級電子技術人員經營。這位經營者發明了一種可以廣泛運用於工業上的測定裝置。為了出售這項物品，他到處推銷，並印刷了大量宣傳單散發給大企業家，卻遭到各方冷待。後來，他又發明了另一種用途的新產品，並挨門挨戶去推銷。結果，這回比上次更慘，問津者很少，庫存量陡增。這時，他想起了前任經營者曾對他說過的一番話：「必須親自加入產品市場，專心一意地經營，直到佔居市場鼇頭！」

受此啟發，他一改做法，有計劃地到各地飯店舉行小型產品展示會。他先是選定伯明罕的亞巴尼飯店，廣泛邀請當地有名的技術人員前來。邀請方式相當隆重，由工廠派人派車專程接他們到飯店，準備簡單的午餐和葡萄酒。

用餐完畢，他對這些客人說，他每次舉辦這種展示會，只限於將新產品賣給六個客戶，多者不賣。成交對象，專選擇那些資金雄厚、技術力高、設備先進、經營管理良好的工廠，以保證產品的質量和本公司的信譽。

他的話給來者很大的衝擊，不僅各自希望能成為當場的買主，會後，各家公司的採購人員還紛紛去人去函，索取產品說明書，要求訪問、參觀他的工廠，談判交易。久而久之，他的產品名氣大增，穩穩當當地建立了極高的信譽，銷售量比其他同行增加甚多。

《戰國策．韓策》記載了一個小故事：

安邑的御史死了，他的副手想得到這個職位，又惟恐不能升任。翰地（安邑的地名）有個人便去替他周旋。這個人對安邑令說：「聽說公孫綦托人向魏王請求御史的職位，可是魏王說，那裡不是有個副手嗎？」安邑令立即讓那副手升任御史。

推銷自己時，難免遇到種種事先未來瞭解的情況：上司為人如何？喜歡什麼？討厭什麼？另外，上司也難免心生疑竇：「這個人究竟怎麼樣？才能如何？是否誠實可靠？」這時，如果有個中間人居間協調，溝通消息，雙方之間的障礙就很容易消除。

蘇代替燕國遊說齊國。在未見齊威王之前，他先對淳于髡說道：「有個賣駿馬的人接連三天早晨站在市場上，而無人問津。他就請求伯樂幫忙：『我有匹駿馬想賣，接連三天早晨站在市場上，沒有哪個跟我說一句話。希望先生能繞著馬細看一下，離開時回頭再瞅一眼。事成，我將獻給先生一天的費用。』伯樂答應了。第二天，伯樂繞著馬仔細看，離開時又回頭瞅了一眼。結果，這一天馬價竟漲了十倍。現在我想把『駿馬』送給齊王，可是沒有替我前後周旋的人。先生有意做我的伯樂嗎？請讓我獻上兩千四百金，作為薦舉的酬金。」

淳于髡欣然答應，入宮疏通。

果然，齊王很高興地接見了蘇代。

5 用遙遠的利益，喚起對方的欲望

在求人的過程中，恰當地向所求之人提供有關長遠利益和前景的論據，就可能使對方產生強烈的共鳴，激發他的興趣和積極性，然而達到求人的目的。這種技巧可以叫作「遠利誘惑」。

有一家製造電燈泡的公司在初創階段，產品銷路不暢。公司的董事長到各地去做旅行推銷，希望代理商積極配合，使他們生產的電燈泡能夠打入各地市場。

一次，這董事長召集各代理商，向他們介紹新產品。他說：「經過多年苦心研究和創造，本公司終於完成了這項對人類大有用途的產品。雖然它還稱不上一流，只能說是二流，但我仍然要拜託各位，以一流的產品價格向本公司購買。」

在場的人一聽，群情譁然：「咦！董事長沒說錯吧？誰願意以一流產品的價格購買二流產品？你怎麼會說出這樣的話？難道……」

這董事長解釋道：「大家知道，目前燈泡製造業中可稱得上一流的，全國只有一家。因此，他們等於壟斷了整個市場，任意抬高價格，大家也不得不去購買。是不是這樣？如果有同樣優良的產品，但價格便宜些，對大家不是一項福音嗎？」

經他這麼一說，大家似乎有些明白了。

董事長接著說：「以拳擊比賽為例，拳王阿里的實力，誰也不能忽視。但是，如果沒有人和他對抗，拳擊賽就沒辦法進行了。因此，必須有個實力相當、身手不凡的對手和阿里對壘，拳賽才精彩！現在，燈泡製造業就好比拳賽中只有阿里一個人。因此，身為代理商，你們根本賺不了多少錢。如果這時候出現一個實力相當的對手，互相競爭，就可以把優良產品的價格壓低，大家就能得到更多的利潤。」

「沒錯！可是，目前並沒有另外一位阿里呀！」

董事長分析道：「另一位阿里就由我來充當吧！為什麼目前本公司只能製造二流燈泡？這是因為本公司資金不足，所以無法在技術上得到突破。如果各位肯幫忙，以一流的產品價格購買本公司的二流產品，我就可以籌集到一筆資金，用於技術更新及改造。這樣，不久的將來，本公司一定可以製造出優良的產品。屆時，燈泡製造業等於出現兩個阿里，彼此大力競爭，毫無疑問，產品質量必然會提高，價格也會降低。到那時候，我一定好好地謝謝各位。此刻，我只希望你們能夠幫我扮演『阿里的對手』這個角色。但願你們能不斷支持、幫助本公司渡過難關。」

話音剛落，一陣熱烈的掌聲掩蓋了嘈雜聲。代理商們表示：「從來沒有人說過這樣的話。我們很瞭解你目前的處境，希望你能盡快成為另一個阿里！」

用「遠利誘惑」求人，確能取得非常好的效果。但是，若你說得天花亂墜，對方卻認定你不著邊際，你的求人之路仍然可能碰壁。這時，可以採用「層層剝筍」式的策略。

某人對某一事不理解，想不通，疑慮重重。這時，你即可像剝筍一樣，把握脈絡，層層遞進，把理說透。列寧就曾用這種方法，說服美國西方石油公司董事長兼總經理哈默在蘇聯做大規模投資。

哈默於一八九六年生於紐約市。18歲那年，他接管了父親的製藥廠。由於管理有方，生意興隆。幾年後，22歲的哈默就成了百萬富翁。一九二一年，他聽說蘇聯實行新經濟政策，鼓勵外資投入，就打算去蘇聯做筆買賣。他心想，在蘇聯，目前最需要的是消滅饑荒，得到糧食。這時，美國糧食正值大豐收。因生產過剩，農民寧可把糧食燒掉，也不願低價送往市場出售。而蘇聯有的是美國需要的毛皮、白金、綠寶石。如果讓雙方交換，豈不是一件大買賣？

到達莫斯科的第二天早晨，哈默就應邀拜訪列寧。列寧和他親切交談。談過糧食問題，列寧進一步說，希望哈默在蘇聯投資經營企業。哈默聽了，默然不語。為什麼？因為西方對蘇聯實行新經濟政策疑慮重重。到蘇聯經商，投資企業，被稱作是「到月球去探險」。哈默雖然做了勇敢的「探險」者，同蘇聯做了一筆糧食生意，但對在蘇聯辦企業一事，不能不思考再三。

列寧看透了哈默的心事。他解釋了他實行新經濟政策的目的：「新經濟政策是要重新發展我們的經濟潛能。我們希望建立一種給外國人工商業承租權的制度，以加速我們的經濟發展。」

哈默有些心動。但他聽說蘇維埃政府機構重疊，人浮於事，手續繁多，尤其是機關人員辦事拖拉成風，很令人吃不消。列寧聽他一說，立即安慰他：「官僚主義，這是我們最大的禍害之一。我打算指定一兩個人組成特別委員會，全權處理此事。他們會向你提供你所需要的幫助。」

除此之外，哈默又擔心，蘇聯只顧發展自己的經濟潛能，不重視保障外商的利益。列寧加重保證：「我明白，我們必須確定一些條件，保證承租的人有利可圖。」

就這樣，對哈默的一連串疑慮，列寧像剝筍一樣，逐步加以廓清，並且斬釘截鐵，乾脆利落，毫不含糊，把政策交待得明明白白，使哈默心中一塊石頭落了地。沒過多久，哈默就成了第一個在蘇聯開辦企業的美國人。

6 無中生有，製造「可居」的「奇貨」

求人時，你想讓所求之人答應你的請求，就必須以吸引對方的對價物，作為交換條件，你手中的這張「王牌」還得是對方所沒有的。假如你並沒有這種「可居」的「奇貨」，你就得「無中生有」，假造一個。

日本的伊那鎮地處荒僻一角，風景平淡無奇。當地政府希望把它化作「奇貨」，成為風水寶地，人心所嚮往的旅遊勝地。怎麼辦？他們派了一隊人馬，四處探訪民風民俗。經過幾個月的折騰，好不容易搜集到一個民間故事——古代一位俠客勘太郎的神奇經歷。儘管這是子虛烏有的傳說，但主管部門不管那麼多，假借這一點，做了大量工作。

過不多久，伊那火車站廣場上樹起了一座勘太郎的銅像，書店裡突然冒出許多描寫勘太郎鋤強助弱、俠骨仁心的著作，旅遊品商店裡，勘太郎的木雕、勘太郎腰帶、勘太郎兵器等新玩藝層出不窮，民間也到處傳播讚頌勘太郎的歌曲。勘太郎一下子成了家喻戶曉的大英雄。順理成章，勘太郎的「誕生地伊那鎮」成了英雄聖地，名聞遐邇的觀光勝景。

王君廓本是個盜賊頭子，投降唐朝後，憑藉超絕的武藝和勇猛，立下了不少戰功。然而，他的戰功只換來一個不起眼的小官——右領軍。他不滿現職，希望能在政治上找一樣「奇貨」，換一個大官過過癮。但這「奇貨」到哪兒去找呢？

機會來了。唐高祖有個孫子叫李瑗，無謀無斷，不但無功可述，還為李唐家族鬧過不少笑話。高祖因顧念本支，不忍加罪，僅僅把他的官位一貶再貶。這時，高祖調任李瑗為幽州都督。因為怕李瑗的才智不能勝任，特命右領軍將軍王君廓同行輔政。李瑗見王君廓武功過人，心計也多，便把他當作心腹，許嫁女兒，聯成至親，一有行動，便找他商量。

王君廓卻自有打算。他心想：現成的「奇貨」難得，何不無中生有，造他一個？無勇無謀卻手握兵權的李瑗，稍稍加工，其腦袋可不就是政治市場上的絕妙的「奇貨」嗎？於是，他開始精心加工他的「奇貨」。

李世民發動「玄武門事變」，殺了太子李建成、齊王李元吉，自己坐上太子之位。不少皇親國戚對此事不敢公開議論，私下卻各有看法。對於李世民「斬草除根」的做法，很多人更是認為太過殘忍。李世民對此，當然也心裡有數。

王君廓為撈政治資本，對這一政治情勢看得很清楚。一日，李瑗向他問計：「現在該不該應詔進京？」他煞有介事地回道：「事情的發展，我們無法預料。大王奉命守邊，擁兵10萬，難道朝廷來了個小小使臣，你便只能跟在他屁股後面乖乖地進京嗎？要知道，故太子、齊王可是皇上的嫡親兒子，仍遭如此慘禍！大王你隨隨便便到京城去，能有自我保全的把握嗎？」說著，竟做出就要啼哭的樣子。

李瑗一聽，心裡頓時「明朗」，昂然道：「你的確是在為我的性命著想，我的意圖已堅定不移！」

於是，他糊裡糊塗地把朝廷來使拘禁起來，開始徵兵發難，並召請北燕州刺史王詵為軍事參謀。兵曹參軍王利涉見狀，趕忙進諫：「大王不聽朝廷詔令，擅自發動大兵，如果所屬各刺史不肯聽從大王之令跟隨起兵，大王如何成功？」

李瑗一聽，覺得也對，但又不知該怎麼辦。

王利涉獻計道：「山東豪傑，多為竇建德部眾，現在都被削職成庶民。大王如果發榜昭示，答應讓他們統統官復原職，他們沒有不為大王效力的道理。另外，再派人連結突厥，由太原向南逼進，大王自率兵馬一舉入關，兩頭齊進，過不了十天半個月，中原便是大王的領地了。」

李瑗得計大喜，非常「及時」地轉告心腹副手王君廓。

王君廓心知，此計若得以實施，唐朝雖不一定即刻滅亡，也的確要碰到一場大麻煩，自己弄得不好，會偷雞不成蝕把米，趕忙進言：「王利涉的話實在是迂腐得很。大王也不想想，拘禁了朝使，朝廷哪有不發兵前來征討之理？大王哪有時間去北聯突厥、東募豪傑？為今之計，必須乘朝廷大軍未來之際，立即起兵攻擊。只有攻其不備，方有必勝的把握呀！」

李瑗一聽，覺得這才是真正的道理，便說：「我已把性命都託付給你了，內外各軍，也就都托你去調度吧！」

王君廓迫不及待地索取了印信，馬上出去行動。

王利涉得知消息，趕來勸李瑗收回兵權。可就在這時，王君廓早已調動軍馬，誘殺了軍事參謀王詵。然後將朝廷使臣放出，昭示大眾，說李瑗要造反。不久，又率大軍來捉李瑗……

李瑗聞知消息，幾乎嚇昏過去，回頭求救於王利涉。王利涉見大勢已去，早跑了個無影無蹤。

李瑗已無計可施，帶了一些人馬出去見王君廓，希望能用言語使王君廓回心轉意。沒想到，王君廓與他一照面，便把他抓了起來，不容分說，就把他送往朝廷。

詔旨很快下來：李瑗廢為庶人，王君廓代領廬江王李瑗的老位子——幽州都督。

7 羊披狼皮，冒險阻嚇對手

明英宗正統十三年，吳官潼出使瓦剌，被扣押為奴。第二年，「土木之變」發生，英宗被俘。吳官潼便主動要求，做了英宗的隨從。後來，從瓦剌回國，因朝廷內部的權力鬥爭，吳官潼不幸被打入大獄。

景泰元年，瓦剌再次大舉進犯中原，並包圍了北京城。大將石亨為景宗出主意：「可把吳官潼放出，讓他設法退瓦剌之兵。」景宗正急得團團轉，一聽有人可以退敵人兵，馬上放吳官潼出獄，並親自為其去掉刑具，問道：「你能讓也先（瓦剌首領）的部隊退兵嗎？如果能成功，朕封你為侯。」

對瓦剌人十分瞭解的吳官潼當即一口答應：「可以！」

景宗大喜，立即賜予新衣，把他送往石亨的營中。

石亨一見吳官潼，喜道：「吳先生一來，我就放心了！」

吳官潼趕著一頭驢，頭戴一頂破草帽，手裡拿著一塊肉，闖入瓦剌人的包圍圈。瓦剌兵抓住他，送至頭領面前。吳官潼裝得十分委屈的樣子，不慌不忙地用番語說：

「我是某村人，因為我娘有病，我進城買肉給她老人家吃，你們抓我幹什麼？」稍頓，他又故作神祕地說：「你們怎麼還在這裡？我聽說朝廷已傳旨召四方兵馬到京城，馬上就要潛入你們的領地，去剿你們的老巢。」停了停，他接著說：「若不是與你們有鄉情之誼，我才不會冒著殺頭的危險告訴你們呢！」

正當此時，石亨乘機用火器向也先的部隊猛轟。瓦剌軍將領一見，以為朝廷下一步確實有「大動作」，頓生退兵之意。最後，也先終於撤兵，北京之圍解。

正如前面所言，如果你一無所有，可以「無中生有」。若不然，你並不是一無所有，就可以「以小充大」，在求人時，把所有的「資本」集中於一個點，讓對方「管中窺豹，只見一斑」，從你某一點上的強大，對你的整體實力做出錯誤的評詁。

70多年前，日本神戶新開了一家經營煤炭的福松商會，經理是少年得志的松永左衛門。開張不久，來了一個當時很出名的西村豪華飯店的侍者，交給松永一封信，上書「松永老闆敬啟」，下款「山下龜三郎拜」，內稱：「鄙人是横濱的煤炭商，承蒙福澤桃介（松永之父的老友，）先生的部屬秋原介紹，欣聞您在神戶經營煤炭，請多關照。為表敬意，今晚鄙人在西村飯店聊備薄宴，恭候大駕，不勝榮幸。」

當晚，松永一踏進西村飯店，就受到熱情款待。山下龜三郎必恭必敬，弄得松永不免有些飄飄然。酒宴進行中，山下提出了自己的懇求：「安治有一家相當大的煤炭零售店，信譽很好。老闆阿部君是我的老顧客。如果承蒙松永先生信任我，願意讓我為您效榮，通過我將貴商會的煤炭賣給阿部，他一定樂於接受。貴商會肯定能從中得利。我呢，只要一點佣金就行了。不知先生意下如何？」

松永一聽，心裡馬上盤算起來。沒等他開口，山下就把女招待叫來，請她幫忙買些神戶的特產瓦氣煎餅來。隨即當著松永的面，從懷裡掏出一大疊大面額鈔祟，隨手交給女招待，並另外多抽出一張作小費。

松永看著那一大疊鈔票，暗暗吃驚。眼前這一切，使他眼花撩亂。稍一鎮定，他對山下說：「山下先生，我可以考慮接受你的建議。」

稍作談判，松永便與山下簽下合同。

豐盛的晚宴後，松永一離開，山下便馬上趕到車站，搭上末班車回橫濱。

西村飯店這樣高的消費，哪是山下所能承受？他那一大疊鈔票，其實只是他以橫濱自家那不景氣的煤炭店作抵押，臨時向銀行借來；介紹信則是在瞭解了福澤、秋源與松永的關係之後，藉口向福松商會購買煤岸，請秋原寫的。然後，他又利用豪華氣派的西村飯店作舞臺，成功地上演了一齣戲。

自那以後，山下一文不花，由福松商會得到煤炭，再轉賣中部，從中大獲其利。

8 有意「牽強」，引出「附會」

要「惡人先告狀」，必須首先編造謊言，中傷對手。這時，可以從對手無意的言行中，「牽強附會」地得出對所求之人不利的結論，激怒他，使他為你出頭，去對付你的對手。這樣，你的對手連解釋的機會都沒有，而你求人的目的也達到了。

東漢建安十三年十月，曹操率領八十萬大軍，由江陵順水而下，駐守赤壁，擺出渡江攻打東吳的態勢。東吳百官，有主戰的，有主和的，弄得國君孫權也舉棋不定，急召都督周瑜回朝問計。此時，諸葛亮為了鞏固孫權和劉備共同抗曹的聯盟關係，專程出訪東吳。到了東吳，他看出，若能說服周瑜決心抗曹，既可平定東吳文武大臣的嘈雜議論，又可以堅定孫權聯盟抗曹的決心。這是他這次出方的重點。此時的孫權、周瑜雖心存抗曹之念，在諸葛亮面前卻故顯深沈，不露痕跡，欲藉此試探諸葛孔明，故而談及抗曹之事，周瑜總是以言語搪塞。

於是，遊說出現僵持狀態。足智多謀的諸葛亮便針對周瑜氣量狹小，且又根據凡人對愛情都是自私的特性，故意曲解曹植《銅雀台賦》中的兩句話，激起周瑜對曹操的滿腔怒火，痛下不滅曹操，誓不為人的決心。

一天晚上，魯肅引諸葛亮會見周瑜。魯肅問周瑜：「如今曹操率兵南侵，是戰是和，將軍意欲如何？」周瑜回道：「操挾天子以令諸侯，難以抗命。而且，兵力強大，不可輕敵。戰則必敗，首則易安。我以為，和為上策。」魯肅大驚：「將軍之言錯矣！江東三世基業，豈可一朝白白送給他人？」周瑜說：「江東六郡，千白萬生命財產若因戰禍而毀，大家都會責備我！因此，我決心講和。」

諸葛亮聽完東吳文武兩大臣的一段對話，覺得周瑜若不是抗曹的決心未定，就是有意試探他。此時如果不另闢蹊徑，只是講一通吳蜀聯合抗曹的意義，或是頌讚周瑜蓋世英雄，東吳地形險要，戰則必勝的道理，肯定難以奏效。於是，他巧用周瑜執意求和的「機緣」，編出一段故事。他插言道：「我有一條妙計。只需差一名特使，駕一葉扁舟，送兩個人過江，曹操得到那兩個人，百萬大軍必然捲旗而撤。」周瑜急問是哪兩個人。

諸葛亮答曰：「曹操本是一名好色之徒，打聽到江東喬公有兩位千金，大喬和小喬，長得美麗動人，曾發誓說：我有兩個志向，一是掃平四海，創立帝業，流芳百世；二是得到江東二喬，以娛晚年。他領兵百萬，進逼江南，其實就是為喬家兩位千金而來。將軍何不找到喬公，花上千兩黃金，買到那兩個女子，差人送給曹操？江東失去這兩個女子，就像大樹飄落兩片黃葉，大海減少兩滴水珠，絲毫無損大局；而曹操得到此二姝，必然心滿意足，歡歡喜喜地班師回朝。」

周瑜眉心微鎖：「曹操想得二喬，有什麼證據？」諸葛亮答稱：「有詩為證。曹操在漳河岸上建造了一座銅雀台，雕梁畫棟，十分壯麗，並挑選許多美女安置其中，又令其三子曹植作了一篇《銅雀台賦》，文中之意就是說，他會做天子，立誓要娶『二喬』。」周瑜冷冷問道：「那篇賦是怎麼寫的，你可記得？」諸葛亮回答：「因為我十分喜愛賦中文筆華麗，曾偷偷地背熟了。」周瑜請他背誦。

賦略云：「從明后以嬉遊兮，登層台以娛情……臨漳水之長流兮，望園果之滋榮。立雙台於左右兮，有玉龍與金鳳。攬『二喬』於東南兮，樂朝夕之與共……」

周瑜聽罷，勃然大怒，霍地站起，指著北方大罵道：「曹操老賊欺我太甚！」諸葛亮表面上急忙阻止，其實是火上澆油：「都督忘了，古時候單于多次侵犯邊境，漢天子許配公主和親。你又何必可惜民間的兩個女子呢？」周瑜憤然道：「你有所不知。大喬是孫策將軍夫人，小喬就是我的愛妻！」諸葛亮佯作失言，請罪道：「真沒想到有這等事！我胡說亂道，該死該死！」周瑜怒火更盛：「我與曹操老賊誓不兩立！」諸葛亮卻仍故作姿態，勸道：「請都督不可意氣用事，三思而後行！」周瑜說：「承蒙伯符重托，豈有屈服曹操之理？我早有北伐之心，就是刀劍架在脖子上，也不會變卦的。勞駕先生助我一臂之力，同心合力，共破曹操。」

於是，孫、劉結成抗曹聯盟，贏得了赤壁之戰的重大勝利。

在此，諸葛亮寺周瑜的遊說為什麼能夠成功？因為：第一，「喬」姓古時本就寫作「橋」，後來才改作「喬」，把原賦中兩條橋的簡稱「二橋」曲解為大喬和小喬的簡稱「二喬」，很容易就收到諸葛亮有意的「牽強」，周瑜無意中「附會」的效果；第二，人對愛情極端自然，奪妻之恨往往勝於滅國之恥，且周瑜本就是個量小之人。諸葛亮看準機會，編造了這段謊言刺激周瑜，果然收到巨大的效果。

9 不給對手解釋的機會

造謠中傷競爭對手，從而使另一方站到你的一邊，這種方法的確可能有效。但常言道：「紙包不住火。」一旦被你「告黑狀」的人有了解釋的機會，你這招術就不攻自破了。因此，你必須巧設連環，使對手得不到反駁的機會。

漢元帝懦弱無能，寵信宦官石顯。朝中有個郎官，名京房，字君明，東郡頓丘人。他精通易學，擅長以自然災變附會人事興衰。鑒於石顯專權，吏治腐敗，京房制訂了一套考課官吏之法，以約束各級官吏。元帝對這套方法很欣賞，下令群臣與京房討論施行辦法。但朝廷內外多是石顯羽翼下的貪官污吏，考核官吏，就是要懲治和約束這些人，他們怎能同意推行？京房心裡明白，不除掉石顯，腐敗的吏治不能改變。於是，他藉一次元帝召見的機會，一連提出七個問題，歷舉史實，提醒元帝認清石顯的真面目，除掉這身邊的奸賊。可事與願違，他一番語重心長的勸諫並沒有使元帝醒悟，絲毫沒有動搖元帝對石顯的信任。

既然考核之法不能普遍推行，元帝就令京房推薦熟知此法的弟子作試點。京房推薦了中郎任良、姚平二人去任刺史，自己要求留在朝中坐鎮，代為奏事，以防石顯從中作梗。石顯早就把京房視為眼中釘，正尋找機會，要將他趕出朝廷。於是，他趁機提出讓京房作郡守，以便推行考核之法。元帝不知其用心，任京房為魏郡太守。郡守的官階雖高於刺史，但沒有回朝奏事的權力，還要接受刺史監察。京房請求不受刺史監察和回京奏事的特權，元帝應允。京房還是不放心，在赴任途中三上密章，提醒元帝辨明忠奸，揭露石顯等人的陰謀詭計，又一再請求回朝奏事。元帝還是聽不進。一個多月後，石顯誣告京房與其岳父張博通謀誹謗朝政，歸惡天子，並牽連諸王。京房無罪而被下獄處死。

京房死後，朝中能與石顯抗衡的惟有前御史大夫陳萬年之子陳咸。此時陳咸為御史中丞，總領州郡奏事，負責考核諸州官吏。他既是監察官，又是執法官。陳咸正年輕氣盛，無所畏懼，才能超群，剛正不阿，曾多次上書揭露石顯奸惡之行，石顯及其黨羽皆恨之入骨。在石顯指使下，群奸到處尋找陳咸的過失，要乘機除掉他。

陳咸的好友朱雲是當世經學名流，經人推薦，被元帝召見，拜為博士，不久出任杜陵令，後又調任槐里令。他看到朝中石顯專權，陳咸勢孤，丞相韋玄成阿諛逢迎，但求自保，便上書彈劾韋玄成懦怯無能，不勝任丞相之職。石顯將此事告知韋玄成，從此韋與朱結下仇恨。後來，有人告發他譏諷官吏，妄殺無辜。元帝詢問丞相。韋玄成當即說朱雲為政暴虐，毫無治績。此時陳咸恰在旁聞知，便密告朱雲，並代他寫好奏章，讓朱雲上書申訴，請求呈交御史中丞查辦。

石顯及其黨羽早已控制中書機構，朱雲的奏章被他扣住，批交丞相查辦。丞相管轄的官吏定朱雲殺人罪，並派官緝捕。陳咸聞知，又密告朱雲。朱雲逃到京師陳咸家中，與之商議脫險之計。石顯密探偵知，報告丞相。韋玄成以執法犯法等罪名上奏元帝，終將陳、朱二人拘捕下獄，判處服苦役，修城牆的刑罰，去掉了兩個賢能之臣。

10 扮豬吃老虎，打擊競爭對手

精通厚黑之道者，在造謠中傷對手時，絕不會直來直去，免得對手防備。他們會在表示面麻痹對手，背後使絆子，使對手在迷迷糊糊中著了他們的「道」。

宋代，丁謂誘使真宗大搞迷信活動，什麼天降神書呀，泰山封禪呀，弄得烏煙瘴氣，勞民傷財。他是寇準一手提拔的，可是他一得勢，就設計陷害寇準，想置之於死地。他勾結劉皇后，興風作浪，破壞真宗和太子之間的父子關係，幾乎把太子廢掉。太子繼位，是為仁宗，他又把朝政大權攬在手中，上欺仁宗，下壓群僚，一手遮天，威勢赫赫，誰也不敢惹他。

他有兩大絕招，正合「瞎子告黑狀」的精髓：一、把仁宗孤立起來，不讓他和其他臣僚接近，文武百官只能在正式朝會時見到仁宗。朝會一散，各自回家，誰也不准留下來單獨和皇上交談。二、排除異己。凡是稍有頭腦，不附和他的執政大臣，一律被他扣上罪名，從朝中趕走，所以朝廷中一切軍國大事都以他的意志為意志。輿論一色，政見一致，似乎安定團結得很。他高據於權勢的頂峰，自以為穩如泰山，可以高枕無憂。

就是這樣一個厚黑之士，最終卻遭到另一個道行更高的人巧施妙計暗算。

參知政事王曾雖身居副宰相之位，卻整天裝作迷迷糊糊的憨厚樣子，在丁謂面前總是唯唯諾諾，從不發表不同的意見。朝會散後，他也從未打算撇開丁謂，單獨謁見皇上。日子久了，丁謂對他越來越放心，以至毫無戒備。

一天，王曾哭哭啼啼地向丁謂說：「我有一件家事不好辦，很感為難！」丁謂關心地問他啥事為難。他說：「我從小失去父母，全靠姊姊撫養，才得以長大成人，恩情有如父母。老姊姊年已八十，只有一個獨生子，在部隊裡當兵。卻因身體弱，受不了當兵的苦，被打過好幾次屁股。姊姊多次向我哭訴，求我設法免除外甥的兵役……」丁謂和顏道：「這事容易！你朝會後單獨向皇上奏明，只要皇上一點頭，不就成了？」王曾回稱：「我身居執政大臣之位，怎敢為私事去麻煩皇上？」丁謂笑道：「這有什麼不可以的！」王曾裝作猶豫不決的樣子走了。

過了幾天，丁謂見到王曾，問他為什麼不向皇上求情。王曾囁嚅地說：「我不便為外甥的小事而擅自留身……」丁謂爽快地說：「沒關係，你可以留身。」王曾聽了，非常感激，還滴了幾點眼淚。

可是，幾次朝會散後，仍不曾看到王曾留身求情。丁謂又問他：「你外甥的問題解決了嗎？」王曾搖搖頭，裝作很難過的樣子：「姊姊總向我嘮叨個沒完沒了，我也不好受！」說著說著，又要哭了。

丁謂這時不知是真起了同情心，還是想藉此施恩，竟一再要他隔日朝會後獨自留身，向皇上奏明外甥的困難，請求皇上格外施恩，免除外甥的兵役，並埋怨他太迂，太不關心老姊姊。王曾遲疑了一陣，總算打起精神，答應明天面聖。

第二天大清早，文武百官朝見仁宗和劉太后以後，各自打馬回家，只有副宰相王曾請求留身，單獨向皇上奏事。宰相丁謂當即批准他的請求，把他帶到太后和仁宗面前，自己退了下去。但他還是不太放心，便守在閤門外不走，想打聽王曾究竟向皇上講了一些什麼話。

王曾一見太后和仁宗，便極力揭發丁謂的種種罪惡，力言丁謂為人「陰謀詭詐，多智數，變亂在頃刻。太后、陛下若不亟行，不惟臣身粉，恐社稷危矣。」一邊說，一邊從衣袖裡拿出一大疊書面材料，都是丁謂的罪證，他早就準備好了的。

太后和仁宗聽了他的揭發，大吃一驚。劉太后心想：「我對丁謂那麼好，丁謂反要算計我！忘恩負義的賊子，太可恨了！」她氣得三焦冒火，五內生煙，下決心要除掉丁謂。至於仁宗呢？他早就忌恨丁謂專權跋扈。只因丁謂深得太后寵信，使他投鼠忌器，不敢出手。而且，他被丁謂隔絕，沒法瞭解朝中的情況，摸不著眾臣的底，感到孤立無援。今天和王曾做了溝通，又得到太后的支持，自然不會手軟。

王曾在太后和仁宗面前談了一個上午，直談到吃午飯的時候還沒完。丁謂等在閣門外，見王曾久不出來，揣知王曾絕不是談什麼外甥服兵役的問題，一定是談軍國大政。他作賊心虛，急得頓腳揪耳朵，一個勁兒自怨自艾：「上當了……太晚了……來不及了！」

待王曾退到閣門外，見到丁謂，丁謂惡狠狠地瞪了他一眼。他向丁謂拱手致意。丁謂不睬不理，怒氣沖沖地走了。但丁謂已沒法逃脫遠竄崖州的惡運。

11 作秀給人看，造成觀念上的既成事實

《圍城》中的孫柔嘉並不是惟一追求方鴻漸的女子，更沒有讓方鴻漸動心，卻是惟一成功的。與蘇文紈「面如桃杏，冷若冰霜」相較，孫柔嘉可是「滿眼睛都是話」。她也不像天真無邪的唐小姐和愛賣弄「局部真理」的鮑小姐。她的功夫做在造輿論上，知道如何先造成既成觀感。書中有這麼一節：

趙辛楣因汪太太一事，離開三閭大學，委託方鴻漸照顧孫小姐，暑假回家，帶她回去交給她父親。方鴻漸於是去傳信，半路上正好碰上來找的孫小姐。孫小姐便著意利用了這個機會。

孫小姐走了一段路，柔弱地說：「趙叔叔走了，只剩我們兩個人了！」

方鴻漸口吃道：「他臨走對我說，假如我回家，而你也要回家，咱們可以同走。不過我是飯桶，你知道的，照顧不了你。」

孫小姐低頭低聲說：「謝謝方先生！我只怕帶累了先生。」

方鴻軒客氣道：「哪裡的話！」

「人家更要說閒話了！」孫小姐依然低了頭低了聲音。

鴻漸不安，假裝坦然道：「隨他們去說！只要你不在乎，我是不怕的。」

「不知道什麼渾蛋——我疑心就是陸子瀟——寫匿名信給爸爸，造你跟我的謠言，爸爸寫信來問。」

鴻漸聽了，像天塌下半邊。同時聽背後有人叫：「方先生，方先生！」轉身看，是李梅亭、陸子瀟趕來。

孫小姐嚶然像醫院救護汽車的汽笛聲縮小了幾千倍，伸手拉鴻漸的右臂，彷彿求保護。鴻漸知道李、陸兩人的眼光全射在自己的右臂上，想：「完了，完了！反正謠言造到孫家都知道了，隨它去吧！」

陸子瀟目不轉睛地看孫小姐，呼吸短促。李梅亭陰險地笑，說：「你們談話真密切，我叫了聲，你全沒有聽見。我要問你，辛楣什麼時候走的……孫小姐，對不住，打斷你們的情話。」

鴻漸不顧一切道：「你知道是情話，就不應該打斷。」

李梅亭道：「哈！你們真是得風氣之先，白天走路還要勾了手，給學生好榜樣。」

鴻漸道：「訓導長尋花問柳的榜樣，我們學不來。」

李梅亭臉色白了一白，看風便轉道：「你最喜歡說笑話。別扯淡，講正經話。你們什麼時候請我們吃喜酒。」

鴻漸道：「到時候不會漏掉你。」

孫小姐遲疑地說：「那麼咱們告訴李先生——

李梅亭大聲叫，陸子瀟尖聲叫：「告訴什麼？訂婚了？是不是？」孫小姐把鴻漸勾得更緊，不回答。那兩人直嚷：「恭喜，恭喜！孫小姐恭喜！是不是今天求婚的？請客！」強逼握手，還講了許多打趣的話。

鴻漸如在雲裡，失掉自主，盡他們拉手拍肩，隨口答應了請客，兩人才肯走。孫小姐等他們去遠了，道歉說：「我看見他們兩個人，心裡就慌了，不知怎樣才好。請方先生原諒剛才說的話，不當真的。」

鴻漸忽覺身心疲倦，沒有精神對付，挽著她的手說：「我可句句當真。也許正是我所求的。」

在此，孫柔嘉亮出了兩手高招：一、製造匿名信事件，將原先子虛烏有的事描繪成滿天風雨。這自然會在方鴻漸的良心上引起不安。二、不失時機，「伸手拉鴻漸的右臂」，在李梅亭等人面前「暴露」了親密戀愛的「真情」，從而讓方鴻漸徹底死了心，乾脆將假戲唱成了真曲。

12 欲顯先隱，激起人們的逆反心理

西漢末年，王莽使平帝立自己的女兒為后，就經過一番欲顯先隱的精心策劃。

漢平帝在位時，王莽已掌握大權。當時平帝只有十幾歲，還沒有立后。王莽想把自己的女兒嫁給平帝，當上皇后，以穩固自己的權勢。

一天，王莽向太后建議：「皇帝即位已經三年，還沒有立后。現在是操辦這件大事的時候了。」太后哪有不允之理。一時間，許多達官顯貴爭著把自己的女兒報到朝廷。王莽當然也不例外。但他看出，報上來的女孩，有許多人比自己的女兒強。不耍花招，女兒未必能入選。於是他又去見太后，故作謙遜地說：「我無功無德，我的女兒也才貌平常，不敢與其他女子同時並舉。請下令不要讓我的女兒入選吧？」太后沒有看出他的用心，反而相信了他的「至誠」，馬上下詔：「安漢公（王莽的爵號）之女乃是我娘家的女兒，不用入選了。」

王莽如果真是有意避讓，把自己的女兒撤回就行了，但經他鼓動太后一下令，反而突出了他的女兒，引起了朝野的同情，每天都有上千人要求選之為后：「安漢公德高望重，如今選立皇后，為什麼單把安漢公的女兒排除在外？這難道是順從天意嗎？希望把安漢公之女立為皇后！」王莽得知，派人前去勸阻。結果是越勸阻，說情的人越多。太后沒辦法，只好同意讓王莽的女兒入選。

王莽抓住這個時機，又假惺惺地說：「應該從所有被徵召來的女子中挑選最適合的人立為皇后。」朝中大臣力爭：「立安漢公之女為后是人心所向。請不要再選別的女子，干擾立后這件大事。」王莽看到自己的女兒被立為皇后已成定局，才沒有表示推辭。不久，他的女兒果真當上了皇后。

拿路崙三世之所以上臺，正是利用了各階層人，特別是農民對於拿破崙的迷信。拿破崙是他的伯父。為了保住皇冠，他一再搬出伯父這個偶像，鼓勵上演有關拿破崙的劇本，勒令選編和出版《拿破崙書信集》達32卷之多，大肆宣揚對拿破崙的崇拜。

墨索里尼為了奪權，專門辦了一份好戰的《義大利人民報》。報紙一創刊，就引用了引人注目的兩句格言。一句是布朗基說的：「誰有鐵，誰就有麵包。」另一句就是拿破崙說的：「革命是一種理想，須有刀槍維持。」這在很大程度上起了煽動人心的作用，有效地調動了大部分的社會輿論。

拿破崙三世為宣揚自己，一手創造了「十二月十日社」。這個團體共有一萬人，成員有破落貴族家的放蕩者、刑事犯、騙子、流氓、扒手、賭棍、私娼、妓院老闆等等。他把這個組織當作自己最貼近的近衛軍、「啦啦隊」，在全國各大城市、交通要道及火車站活動。每當他出現，他們就混進人群，夾道歡呼，高喊：「皇帝萬歲！」這些可笑的鬧劇，對城鄉那些耳目閉塞，不明真相的人來說，頗能產生一些影響。

同時，他還採取一切手段，壓制社會輿論，開展廣泛宣傳波拿巴主義的運動。

一八五〇年10月10日，在凡爾賽附近大平原上舉行盛大的閱兵儀式時，他為了取得軍隊的擁護，大擺宴會，用香檳酒、蒜臘腸、雪茄收買官兵。許多士兵高呼：「皇帝萬歲！臘腸萬歲！」他陶醉在一片歡呼聲中。其後，誰對總統保持冷淡、沈默，誰的部隊就被解散，誰就被撤換。

ch.4

察言觀色，了解人性的喜好

擺地攤玩把戲的有一句口頭禪：「有錢的捧個錢場，沒錢的捧個人場。」這捧場至關重要。若沒錢的都走了，只剩下稀落的幾個有錢人，把戲就不用練了。只有人圍得多，才能吸引更多的過路人。這就是「捧」在厚黑求人中的重要性。

1 投其所好，也得有點自己的「絕活」

拍馬獻媚，需要一定的技術為基礎。

北齊和士開精於一種類似今日的象棋遊戲——「握槊」，給他提供了一個發跡的好機會。

和士開的父親和安仕於東魏，「恭敏善事人」，很有一套討好皇帝的手腕。有其父必有其子，和士開沒有辜負和安的期望。他一方面秉承了父親的先天遺傳，「幼而聰慧，解悟捷疾」；一方面又勤於後天的學習，樂於接受父親的耳提面命，結果青出於藍而勝於藍，拍馬屁的功夫遠遠超過其父。

北齊天保初年，高湛得寵，被進爵為長廣王，拜尚書令，不久又兼司徒，遷太尉，地位顯赫，權勢很大。高湛是齊高祖高歡第九子，雖然在諸子中年紀尚幼，排序較遠，但由於他「儀表堂堂」，所以高祖非常鍾愛，因而被授以高位，委以重權。和士開見高湛未來當皇帝的可能性很大，便想方設法接近、巴結。

高湛喜玩「握槊」。和士開便找機會與他相遊。二人棋逢對手，總是鬥得難分難解。他們越玩越上癮，次數越來越頻繁。

高湛喜歡音樂。恰好，和士開善於彈琵琶，就經常為高湛彈曲。興致高時，還邊彈邊唱。那清歌妙曲，很使高湛著迷。

高湛喜談笑。恰好，和士開生就一副伶牙俐齒，便經常陪高湛胡扯閑說。他的甜言蜜語和淫詞穢談，很使高湛開心，二人越談越投機，親狎無比。他吹捧高湛：「殿下非天人也，是天帝也。」高湛也稱讚他：「卿非世人也，是世神也。」於是，高湛任用他為府行參軍。

和士開與高湛這兩個浪蕩子如同前世有緣，一拍即合，形影難離。到後來，高湛的兄長顯祖文宣帝高洋實在看不下去，譴責他們「戲狎過度」，不許高湛太接近和士開，將和士開遠征長城。但高湛不斷在文宣帝面前為之求情，文宣帝又授和士開為京畿士曹參軍。

後來，北齊孝昭帝駕崩，高湛繼承大位，是為武成帝。和士開長期企盼的日子終於來到。高湛即位之後，他更是「奸諂百端」，使高湛視之如心腹，寵愛一日勝似一日，屢屢加官進爵，簡直到了一刻也離不開他的地步，前後賞賜，「不可勝數」。

和士開「遭母劉氏憂。帝聞而悲惋，遣武衛將軍呂芬詣宅，晝夜扶侍，成服後方還。其日，帝又遣以犢車迎士開入內。帝見，親自握手，愴惻下泣，曉喻良久，然後遣還，並諸弟四人並起復本官。」

摸準了對方的脾氣，才好下手糊弄。厚黑之人在所求之人身上下功夫，絕不是真心為對方著想，真正目的是為自己。因此，他們最希望所求之人缺陷多多。比如，所求之人雖缺乏政治家的謀略，卻有一些專門愛好和藝術才華，這樣的人就非常好侍奉。只要摸準他的脾氣，比起伺候有雄才大計的人來，容易多了。

北宋時代，童貫在太監中是個很特殊的人物。他雖是太監，卻沒有一點兒太監的模樣。據說他身軀高大，聲如宏鐘，「其勁如鐵」。而且不知怎麼弄的，他的嘴唇上居然還長出了幾根鬍子。有這個得天獨厚的條件，他就極容易討到宮苑中妃子、宮女的歡心。再加上他生性豪爽，不惜財物去結納要人，而且度量很大，不計較小是小非，所以，宮廷內部上上下下都很喜歡他。

童貫拍馬逢迎的本領在宋徽宗即位後，更發揮得得心應手，淋漓盡致。他主持樞密院，掌握兵權達二十年，與宰相蔡京互為表裡，狼狽為奸。實際上，他權勢之大，還在宰相之上。蔡京被世人稱為「公相」；童貫是閹人，所以人們稱他「媼」相。

徽宗趙佶很有「藝術才華」，派遣童貫四處搜羅天下名畫，以供他觀賞臨摹。當時，書畫藝術最發達的地區是在東南沿海、尤其是江浙一帶。於是，童貫來到杭州。

不愧是富有經驗又深諳人情世態的官場老手，他深悉藝術家往往很不理性，只要能在情感上相通，便置一切於腦後。他把蘇杭一帶的歷史名畫和時人傑作源源不斷地送到徽宗面前。徽宗在大飽眼福之後，對這位使者的盡心盡力當然大為滿意。

不久，童貫在杭州遇到了逐臣蔡京。蔡京是個奸詐狡猾的投機分子。宋神宗時，他投入變法派；後來，司馬光當權，罷除新法，當時他知開封府，積極回應，迅速廢除了新法，由此獲得司馬光的賞識；紹聖年間，哲宗恢復新法，新黨上臺得勢，蔡京又積極支持新法。這條行為沒有定軌的政治「變色龍」終於在徽宗剛剛即位時，被向太后趕出了朝廷，到杭州任知州去了。童貫此次來到杭州，便與蔡京交接起來。兩人一見如故，十分投機。

恰巧，蔡京也精於書法，還通繪畫。在中國書法史上，北宋有蘇、黃、米、蔡四大書法家，蘇指蘇軾，黃指黃庭堅，米指米芾，蔡就是蔡京。只是，後人因為蔡京是奸臣，不願把書法家這一桂冠套在他的頭上，把姓蔡的換成另一個人。童貫就利用蔡京的這一特長，每次送給徽宗的書畫中都附上蔡京的作品，並在奏章上代為吹噓。

徽宗見了蔡京的書畫，本就喜歡，再加上童貫的吹捧，就決定重新起用蔡京。正巧，朝內新、舊兩派鬥爭不休，徽宗即借調和兩派關係之因由，免了宰相韓彥忠，正式任蔡京為相。

2 小心察言觀色，大膽使用「殺招」

想成為求人辦事的「厚黑」高手，有兩個品質必須具備，一是「膽大」，二是「心細」。「心細」的人若膽子不大，不能果斷地採取行動，錯失良機，最終必無法「脫穎顯揚」；「膽大」的人若心太粗，魯莽行動，最後必然把事情辦砸。

首先，「心細」可使你從所求之人的一言一行中察覺其細微之處，這樣你就能找到下手的突破口。

據傳，一日，慈禧出宮，路過李蓮英的府第，見李府門上掛著「總管李寓」的匾額。她凝望了片刻。李蓮英沒有忽視慈禧的這一神情。他曉得，自己雖是太監總管，掛上這種牌匾，也未免太過招搖。為此，回宮以後，他即刻向慈禧請假，回到家中，摘下匾額，除去上面的金字。然後到慈禧面前說：「奴才不常回去，小太監不知好歹，居然在家門上掛了『總管李寓』的匾額。奴才也是頭一回看見。剛才奴才回家一趟，摘下匾額，撕下金字，把那個混帳小太監狠打了一頓，交內務府查辦去了。」慈禧心裡本來有點不高興，聽他這麼一說，便煙消雲散了，讓他放了那個小太監，不必送內務府查辦。李蓮英的謹慎於此可見。

另有一次，一位大臣買了一座西洋鐘，想獻給慈禧，又怕不中慈禧的意，就請來李蓮英，讓他先看看這鐘到底如何。原來，這是一件做工精巧、價值昂貴的自鳴鐘，每當報時，鐘內神龕會自動開啟，走出一個小人，小人展開條幅，條幅上寫有「萬壽無疆」四字。這鐘的設計，不可謂不極盡巧妙。李蓮英看了一下，覺得不妥。他說：「萬一這機器出了點毛病，小人兒手裡的條幅只展開三個字，成為『萬壽無』的字樣，你的身家性命還保得住嗎？」那大臣一聽，嚇出了一身冷汗，連忙去退了那座自鳴鐘。

後來，李蓮英自己把自鳴鐘弄來，把那小人兒手中條幅上的字換成「壽壽壽壽」四字。這樣即使發生故障，也不會出現「萬壽無」的詛咒之語了。

其次，「膽大」可以使你在時機到來時，當機立斷，避免猶豫不決，貽誤良機，迅速達到自己的目的。

慈禧喜歡別人稱她「老佛爺」，當然要做做不殺生、行善積德的樣子給人看看。

在她六十大壽這一天，她按預先安排好的計畫，在頤和園的佛香閣下放鳥。一籠籠的鳥擺在那裡，她親自抽開鳥籠，鳥兒自由飛出，騰空而去。

李蓮英讓小太監搬出最後一批鳥籠。慈禧抽開籠門，鳥兒紛紛飛出。但這些鳥在空中盤旋了一陣，又嘲嘲喳喳地飛回籠中。慈禧又驚奇又納悶，還有幾分不高興，便問李蓮英：「小李子，這些鳥怎麼不飛走哇？」李蓮英跪下叩頭道：「回老佛爺的話！這是老佛爺德威天地，澤及禽獸，鳥兒才不願飛走。此乃祥瑞之兆，老佛爺一定萬壽無疆！」

李蓮英平常馬屁拍得極有水平，這次卻拍到了馬腿上。慈禧怕別人笑她昏昧，要顯示一下「英明」，於是怒斥道：「好大膽的奴才，竟敢拿馴熟了的鳥兒騙我！」

李蓮英並不慌張，他不慌不忙地躬腰稟道：「奴才怎敢欺騙老佛爺，這實在是老佛爺德威天地所致。如果奴才欺騙了老佛爺，就請老佛爺按欺君之罪懲辦。不過，在老佛爺降罪之前，請先答應奴才一個請求。」

在場的人一聽，李蓮英竟敢討價還價，嚇得臉都白了，哪個還敢吱聲。大家知道，慈禧雖號為老佛爺，實在是一個殺人不眨眼的女魔頭，許多因服侍不周或出言犯忌的人都被她處死，哪個敢像李蓮英這樣大膽。慈禧聽了這話，立刻鐵青了臉，說：「你這奴才，還有什麼請求？」

李蓮英說：「天下只有馴熟的鳥兒，沒聽說有馴熟的魚兒。如果老佛爺不信自己德威天地，澤及魚鳥禽獸，就請把湖畔的百桶鯉魚放入湖中，以測天心佛意。奴才猜想，魚兒也必定不肯遊走。如果奴才錯了，請老佛爺一併治罪。」

慈禧也有些疑惑，便來到湖邊，下令把鯉魚倒入昆明湖。真是奇事，那些鯉魚游了一圈之後，竟又紛紛游回岸邊，排成一溜兒，遠遠望去，彷彿朝拜一般。這下子，不僅眾人驚呆了，慈禧也有些迷惑。她知道這肯定是李蓮英糊弄自己。至於他用了什麼法子，她一時卻也猜不透。

李蓮英見火候已到，哪能錯過時機，便跪在慈禧面前稟告：「老佛爺果真是德配天地！這鳥兒不飛去，魚兒不游走，是有目共睹的，哪是奴才敢矇騙老佛爺。今天這賞，奴才是討定了！」

說完，他立刻口呼萬歲，拜了起來。隨行的太監、宮女、大臣，哪個不來湊趣，一齊跪倒，真乃人、魚、鳥共賀。事情到了這份上，慈禧哪還能發怒。她由怒轉為喜，把脖子上掛的一串念珠賞給了李蓮英。

據後人的說法，李蓮英所使的竅門是：先把魚蟲放在紗籠裡，固定在岸邊下方，魚蟲慢慢從紗籠裡鑽出，便在岸邊布滿了一溜兒。鯉魚要吃魚蟲，當然就會游回岸邊來了。

3 持之以恒，一次不行再一次

看準了某人的「胃口」，投其所好，不一定能一投即中。這時如果知難而退，也算得上是個聰明人。但厚黑之流的人士很有恒心。他們看準目標，必然會一次不中，再來一次，直到成功為止。

明代的大奸臣嚴嵩，在中國歷史上可與秦檜並稱。他最初認為憑才學見地競爭，便可出人頭地，結果卻一敗塗地。他無法忍受，於是遞上辭表，病休十年。

十年中，他表面上苦讀於書房，暗中仍關注著政治形勢。經過研究，他知道，欲取得高位，必須有進身之階。於是，他一面寫文章，結交文人墨客，一面利用機會，巴結在他前後進士及第，已經掌握權位的人。

機會終於來了。大宦官劉瑾垮了台，一夜之間，從天堂跌入地獄。但錢寧和江彬繼續劉瑾的把戲，政局日益混亂。於是，這位苦苦修行的不安分者，在正德十四年，離開了伴他苦思冥索的紅木椅，正式宣告回朝。從此，他邁上了陰謀家政治舞臺的第一步。此時他已40歲。

回朝以後，嚴嵩施展了多年鑽研的做官之術，對內對外一團和氣，極大的野心包藏在柔媚的外衣之內。一年後，他由七品編修升任六品侍講。又過幾年，熬上了南京翰林院掌院學士，屬正五品。

嘉靖六年，嚴嵩48歲，被召為國子監祭酒，屬正四品。升遷雖然不慢，但他仍不滿足。想想自己的年齡，強烈的「緊迫感」促使他加快入閣的進程。

嘉靖有一項特殊的愛好：迷方術，崇道教。他少年即位，政事、女色使他的健康大受影響。「只緣多痛，故求長生。」他一邊服長生藥，一邊齋醮祈禱鬼神賜壽。於是方士、道人常出入宮殿，宮內也設牌立位，到處道氣仙風。

齋醮活動，需要焚化一篇青絲紅字的駢儷體表章，奏報給「玉皇大帝」老子，稱作「青詞」。「青詞」既要表現對玉皇大帝的崇仰，又要說出祈求之願望，多出自大學士之手。不少人因此取得皇帝的恩寵。張道從翰林到入閣不過六年，桂萼竟打破「故事」，全不按提拔規矩，以「禮部尚書兼林學士」入內閣，都和「青詞」的拍馬屁寫作大有關聯。

嘉靖的「胃口」，嚴嵩瞧準了。他千方百計，寫「青詞」奉承皇上。一次不中，再來一次。終於，嘉靖感動了，召見了他。看著這位乾巴巴，眉毛都已發稀的老頭兒，嘉靖覺得找到了一匹溫順恭謹的老馬，肯幹、樸誠。於是，給了他一個禮部右侍郎的職銜，並「開恩」委派他代表自己去祭告父皇的顯陵。

嚴嵩深知不能丟掉這次機會。他大張旗鼓地「隆重」一番，且撒起彌天大謊，回朝時向嘉靖稟報：「祭祀那天，天替陛下灑淚。待臣恭上寶冊奉安神床時，忽然雲開日朗。臣在棗陽採來的碑石，多少年來一直群鶴繞飛護持，可見，定是一塊靈寶。果然，載碑石的船進入漢江，水勢驟漲。此皆陛下孝思、顯陵聖德所致。請令輔臣撰文刻石，記載上天的恩眷。」

嘉靖聽完，真是心涼脾透開，覺得自己果然看對了人。好爽之餘，自然是提升封賞，傳諭晉升嚴嵩為吏部左侍郎，再進南京禮部尚書。不久，又改南京吏部尚書。

嚴嵩借機會撒一次大謊，竟在仕途上邁了三大步。

為了到京師去，嚴嵩進一步施展了奴顏婢膝、俯首帖耳的功夫。當時的官場風氣，論資排輩，十分講究，而內閣閣老中一般人的資格都不如嚴嵩。一五三六年，嚴嵩以祝賀嘉靖壽辰的名義到了京城。夏言為報答他跪請之誼，以首輔的身分，向嘉靖說了一大堆好話，為他謀得了一個更高的職位，使其進入和內閣相等的權力機構。

想通過投其所好，達到目的，機遇非常重要。和珅登上政治舞臺之前的第一聲叫喊，便引起了乾隆皇帝的注意。正因他把握住了瞬間的機遇，才終於順利地爬上夢寐以求的高位。

清乾隆愛新覺羅．弘曆在中國歷史上赫赫有名，其文治武功彪炳史冊，開創了大清帝國的全盛之世。但在其後期統治中，清帝國逐步進入衰落期。在這個由盛轉衰的過程中，人稱「乾隆朝第一權臣」的和珅之專權亂政起了不可忽視的作用。

和珅，鈕祜祿氏，滿洲正紅旗人。其父常保是一個不知名的副都統。少年時，和珅貧窮而無所依恃。至乾隆中葉，還不過是個八旗官學生，只中過秀才。以這樣的基礎，要出人頭地，幾乎不可能。乾隆三十四年，和珅卻沾了祖上的光，開始擺脫困境。他的高祖尼雅哈那有軍功，故他在父親死後，承襲了三等輕車都尉之爵。這一世爵給他帶來了相當可觀的收入。

乾隆四十年是和珅一生中的重要轉捩點。這一年，他巧逢機緣，得見天顏，奏對稱旨，甚中上意，從此飛黃騰達。

一日，乾隆大駕將出，倉促間，黃龍傘蓋沒有準備好。乾隆發了脾氣，喝問：「是誰之過？」皇帝發怒，非同小可。一時間，百官瞠目相向，不知所措。此時，和珅應聲答道：「典守者不得辭其責！」他聲音洪亮，口齒清晰，語言乾脆。

乾隆不禁一愣，循聲望去。只見說話的人儀能俊雅，氣質非凡，更感驚異，歎道：「若輩中安得此解人！」問其出身，知是官學生，雖學歷不高，但畢竟乃讀書人出身，在侍衛中也屬鳳毛麟角了。乾隆一向重視文化，尤重四書五經，對讀過的滿族生員，總是另眼相看。所以，一路上便向和珅問起四書五經的內容。這和珅原本不學無術，而對四書五經卻正巧讀過，居然「奏對頗能稱旨」。至此，和珅年一步引起乾隆的好感，遂派其總管儀仗，升為侍衛。從此，和珅官運亨通，扶搖直上。

以最恰當的方式顯示上司的高明。厚黑求人，要投所求者之所好，一定要多提供他顯示其高明的機會。這比直接吹捧更管用。

乾隆非常喜歡談文講史，對文史的整理工作極為重視。相傳，刊印二十四史時，乾隆怕有謬誤，常親自校核。每次校出一件差錯，就覺得是做了一件了不起的大事，心中很是痛快。

眾臣為了迎合他的這種心理，就在抄寫給他的書稿中，故意在明顯的地方抄錯幾個字，以便「勘正」。這樣做，比當面奉承他學識高深，能收到更好的效果。當然，書稿中也有他改正不到的。但經他改定的書稿，就沒有人敢再動了。今天見到的殿版書，不少錯訛之處就是這樣形成。

和珅之流最瞭解乾隆這個特點，在任何事情上都曲意逢迎，選取最恰當的方式，以博取他的歡心。

4 堅定「溜鬚拍馬，終得馬騎」的信念

美國老羅斯福總統任滿之前，塔虎脫到處放風，吹捧他。塔虎脫逢人便說：「我是羅斯福內閣中最忠實的成員，最敬佩的就是羅斯福。他的政策太英明了！老實說，在我未與羅斯福謀面之前，他的政見就是我的政見了。」還有更肉麻的：「歷史上，只有兩個總統可以和您相提並論，一個是華盛頓，另一個是林肯。」

果然，老羅斯福被塔虎脫吹捧得飄飄然了，完全相信塔虎脫是自己人。於是，他全力舉薦塔虎脫代表共和黨競選下一屆總統。在老羅斯福大力支持下，塔虎脫毫不費力地擊敗了民主黨的候選人布賴恩，成為第二十七屆美國總統。

做完了這一切，老羅斯福歡天喜地放心去非洲打獵了，因為他深信塔虎脫是他的化身，一切都會按他在任時的政策辦去。

不料，風雲突變。塔虎脫一上臺，就扔棄了敲門磚，踢開了墊腳石。老羅斯福剛離開，他就迫不及待地排擠政府內老羅斯福的人馬，安插自己的親信。

送高帽子不嫌多。這是在做人情鋪墊。關鍵是：必須送上真正管用的「高帽子」，以收到立竿見影的效果。

唐貞觀八年，劍南道巡查大使李大亮出巡，發現一個叫李義府的人才學出眾，於是舉薦其才。李義府對策中第，補為門下典儀，由此躋身於朝廷。在此期間，他又得到黃門侍郎劉洎和侍御史馬周的賞識，二人合力向太宗舉薦。

太宗召見，令他當場以「詠烏」為題，賦詩一首。李義府脫口吟道：「日裡揚朝彩，琴中聞夜啼。上林如許樹，不借一枝棲。」此詩充分流露出他想做朝官的急切心情。太宗聽後，頗愛其才，說：「與卿全樹，何止一枝！」授予他監察御史，並侍晉王李治。晉王立為太子，他又被授予太子舍人。因其文翰不凡，與太子司儀郎來濟被時人並稱為「來李」。

他曾寫《承華箴》呈獻，文中規勸太子：「勿輕小善，責小而名自聞。勿輕微行，累微而身自正。」還說：「佞諛有類，邪巧多方，其萌不絕，其害必彰。」

這李義府本是一個佞邪之輩，卻能大義凜然地發表宏論。這正是在自己的「黑心」上蒙一層仁義道德的做法。太子將此箴上奏。太宗很欣賞，下詔賜予李義府帛四十匹，並令其參與撰寫《晉書》。

太子李治繼位，李義府升為中書舍人。後兼修國史，加弘文館學士。

李義府的青雲直上，頗引起滿朝文武注意。因他是由劉洎、馬周引薦，又與許敬宗等相勾結，虛美引惡，曲意逢迎，長孫無忌奏請高宗貶他到壁州任司馬。

詔令尚未下達，李義府已有所聞，急忙向中書舍人王德儉問計。王德儉是許敬宗的外甥，其貌不揚，卻詭計多端，善揣人意。他獻計說：「武昭儀方有寵，上欲立為后，畏宰相議，未有以發之。君能建白，轉禍於福也。」

李義府聽罷，馬上行動。一日，適遇王德儉在中書省值宿，李義府代之，立即上表高宗，謊稱眾議請廢王皇后，立武召儀為后。高宗聞知，正合心意，馬上召見他，不僅賜給他寶珠一斗，還將原來貶他到壁州的詔令停止不發，留居原職。武昭儀也祕密派人向他表示感謝。不久，李義府與許敬宗、崔義玄、袁公輸等人結為武昭儀的心腹。是年七月，李義府又超升為中書侍郎。十月，王皇后廢為庶人，立武昭儀為后。十一月，李義府又自中書侍郎拜為中書門下三品，監修國史，並賜爵廣平縣男。

5 善解人意與腦筋急轉彎並用

高士奇，浙江錢塘人，出身微賤，人很聰明，學問也很好。他在科場不得意，僅僅是個秀才，隨後又取得監生的名分。但他既沒有考上舉人，更談不上考取進士，又沒有什麼親戚朋友當朝中大官，為他援引，想在封建官場中飛黃騰達，簡直不可能。然而，他後來竟成了康熙皇帝的寵臣，勢傾朝野，招權納賄，積累了萬貫家私。他的發跡，靠的是機遇，加上他的學問，最重要的還是他的乖巧。

康熙初年，高士奇自己背著行李來到北京。他想找個家庭教師職務，維持生活。但他根本無法接近那些達官貴人。於是，他想了一個辦法，自己寫了幾十副對聯，分送給那些達官貴人的僕人。這一招果然見效。

當時，滿洲貴族納蘭明珠任內務府總管大臣。高士奇寫了一副對聯送給明珠的門房。這門房見高士奇的字寫得很好，又是一個窮監生，要求不高，就請他到家裡教自己的兒子。有一次，明珠要寫幾封信給外省官員，匆促間找不到代筆的人，這門房就向他介紹了高士奇。明珠對高士奇的文筆非常欣賞，就讓他到內務府充當書寫。

其後20年間，明珠的官職由總管而尚書，而宰相；高士奇也隨著明珠的升遷而升遷，由充任書寫事務，到正式供奉內廷，復被任命為詹事府錄事，再升任內閣中書。他不是進士出身，卻被康熙特授為額外翰林院侍講，又轉正式翰林院侍講學士，入值南書房，兼《大清一統志》副總編。

康熙特別喜歡高士奇的捷才每思，善解人意。

有一次，高士奇扈駕南巡，隨康熙到杭州西湖靈隱寺。靈隱寺的和尚請求康熙寫一塊「靈隱寺」的廟名匾額。康熙提筆寫了「靈」字，卻把上面的「雨」字頭寫大了，下面的筆劃又多，寫不下去。正在躊躇，高士奇在自己的手掌上寫了「雲林」兩字，假裝上前為康熙磨墨，偷偷地把掌心向著康熙。於是，康熙就寫成：「雲林」。「雲」字下面筆劃少，當然好寫多了。所以，後來靈隱寺又稱雲林寺，實際上是高士奇所擬，康熙所書——至今此塊匾額猶存。

康熙來到鎮江的金山寺，寺僧也請求賜一塊匾額。康熙想了好久，沒有想出恰當的題字。高士奇用紙條寫了四個字進呈。康熙展開一看，上面是「江天一色」。他點頭稱讚，照高士奇所擬四字寫上。

後來，康熙遊蘇州的獅子林，見獅子林結構巧妙，風景幽勝，奇山異石，曲廊流水，亭臺樓閣，層出不窮，不禁隨口讚道：「真有趣！」他又想題幾個字，但懶得去想，回頭對高士奇說：「你看，這兒題幾個什麼字好？」高士奇跪奏道：「皇上剛才已經題過了，臣不敢再擬。」康熙疑惑道：「我哪裡題過了？正因為沒有題，才要你代擬。」高士奇說：「皇上剛才不是說了『真有趣』嗎！去掉中間的『有』字，保留『真趣』兩字，不是很好嗎？」康熙大喜，立賞他金如意一支，白銀五百兩。

有一次，高士奇陪侍康熙，到南苑打獵，康熙的坐騎突然亂蹦亂跳，險些把康熙摔下馬來。眾侍衛連忙上前勒住馬，扶康熙下來，到行宮休息。康熙一肚子不高興，滿臉慍色。

高士奇知道了，故意把自己的衣服弄上許多污泥濁水，一副狼狽不堪的樣子，來到康熙身旁侍立伺候。康熙問他：「你怎麼這副模樣？衣服這麼髒，幹嘛不換下？」高士奇跪奏道：「剛才臣被馬摔下來，跌到污水裡，現在還心有餘悸。」康熙聽了，不覺大笑：「你們南方人太文弱了！我的坐騎剛才亂蹦亂跳，我不僅沒有摔下，還控住了呢！」

高士奇就是這樣善揣君意。他使康熙感覺到自己的騎術還是挺不錯的，沒有被馬摔下來，遂由不高興轉變為高興。

高士奇在康熙身邊30多年，他所做的官都沒有什麼政治實權，只是跟皇上很親近，因此政治上他沒有幹出什麼大壞事。這一點足以說明，康熙畢竟還是一個英明的君主，他只把高士奇當成一個文學侍從之臣罷了。高士奇卻利用康熙對他的寵愛，結交大臣，收受賄賂，網羅黨羽。

這樣做，自然引起別人的嫉恨和公眾的譴責，結果遭到左都御吏的彈劾。彈章中列舉了他的四大罪狀，請求康熙將他明正典刑。其中有一條很具說服力：「高士奇以一個窮監生的身分，隻身來京師，現在只問他擁有的財產有多少，就可以知道他招權納賄的實情。」

康熙果真拿這些問題問他。高士奇免冠磕頭跪奏：「臣蒙聖上洪恩，位居近侍，因此地方上的總督、巡撫，朝廷內的部院大臣，許多人都時時送來禮物。臣收受這些禮物之後，從沒有在皇上面前為這些送禮的人講過一句話。因此，這些禮物對送禮的人來講，沒有起到應起的作用；而對臣而言，臣認為這些禮物都是皇上洪恩所賜，所以臣受之而無愧。望皇上明察。」

對此，康熙想了想，沒有免他的官或抄他的家，僅僅勒令他退休，讓他回到杭州那所豪奢的別墅西溪山莊享清福去了。

6 裝出「只有您才能幫助我」的信號

一般人都願意幫助弱者。因為這樣做，可以顯示出自己的強大，滿足自己的虛榮心。有鑒於此，厚黑求人者經常採用「以柔克剛」之計，準確地把握強硬之對手的心理，大使其柔，把自己弄得可憐兮兮，藉以博取對手的同情。

鮑爾溫交通公司總裁福克蘭年輕時因巧妙處理了一項公司的業務而青雲直上。他當時是一個機車工廠的普通職員，由於他的建議，公司買下一塊地皮，準備建造一座辦公大樓。這塊土地上的一百戶居民都得因此而遷移地方。

居民中有一位愛爾蘭裔的老婦人，她首先跳出來抗議。在她的帶令下，許多人都拒絕搬走，決心與機車工廠拼到底。

福克蘭於是對工廠領導說：「透過法律途徑解決，費時費錢。採用其它強硬的辦法驅逐他們，會增加許多仇人，即使建成大樓，也將不得安寧。這件事還是交給我處理吧！」

顯然，面對如此局勢，最好採取「以柔克剛」之策。福克蘭所選擇的也正是這種辦法。

這一天，他來到老婦人家，看見她坐在門前石階上。他故意在她面前走來走去，做出憂心忡忡的樣，心裡好像盤算著什麼。此舉自然引起老婦人的注意。良久，她開口發問：「年輕人，你有什麼煩惱？說出來，我或許能幫助你。」

福克蘭走上前，沒有直接回答她的問題，卻大大地捧了她一番：「您在這時無事可做，真是天大的浪費呀！我知道您有很強的領導能力，實應抓緊時間，幹一番大事業。聽說這裡要建造新大樓，您若能發揮您的超人才能，做一件連法官都難以做成的事，而且訴訟很費時，我看以您的能力不如勸您的鄰居們，找一個快樂的地方永久住下去，這樣，大家一定會記得您的好處！」

第二天，這頑固的愛著蘭老婦人成了全費城最忙碌的人。她到處尋覓房屋，指揮她的鄰人搬走，把一切辦得穩穩妥妥。

辦公大樓很快便破土動工。因為在住房拆遷的過程中，不僅速度大為加快，所付的代價竟只有原預算的一半。

上司屈尊求下屬辦事，下屬一般是無法拒的。荀子《勸學篇》說：「假輿馬者，非利足也，而致千里；假舟楫者，非能水也，而絕江河。君子生非異也，善假於物也。」生活中的人，善假物者，可致千里。那麼，善假於人者怎麼樣？回答是，善假於人，可以展宏圖，立大業。

三國中的劉備可說是善假於人的典範。

前半生，劉備勇不如人，用關、張、趙以自輔，起了不小的作用；但智不如人，雖也用孫乾、糜竺之輩以自輔，起的作用卻不大。正是在這個時候，他領悟了一個道理：決策人才是創業的關鍵。他夢魂飛繞，思賢若渴，終於招來了徐庶。徐庶走了之後，他又三顧茅廬，請出了「萬古雲霄一羽毛」的諸葛亮。諸葛亮一來，他終於絕處逢生。

諸葛亮看準了曹、孫之間的尖銳矛盾，助孫抗曹，卻乘機佔據了荊州，一下子就初步解決了劉備朝思暮想的問題——得立足之地。劉備心服了，從此把權力全部交結諸葛亮，自己安心做一方之主。從赤壁之戰的前夕起，十多年時間，他從不干擾諸葛亮的部署，對諸葛亮所提的意見，幾乎是百分之百聽從。

劉備與諸葛亮，名分上是主與臣的關係，但是，在各種政治與軍事行動中，則是主為從，臣為主。這是一種很特殊的關係，為其他各個集團所未見。

曹操重視人才，尤其對郭嘉，更是十分重視。郭嘉英年早逝，他每每想起，還痛哭流涕。但郭嘉在世之時，他仍以下屬視之。而劉備對諸葛亮不只重視，而且敬重，事之如師。即使是司馬遷筆下的劉邦，他對張良、陳平、韓信也沒有這樣相待。

東吳孫權想用「美人計」陷害劉備。他答應將妹妹嫁給劉備為妻，實則想藉招親之名，扣留劉備為人質。諸葛亮將計就計，同意這門婚事，整個過程，簡直把劉備「指揮」得團團轉。這次婚事由他一手操持。

劉備對這次的特大冒險，實際上很感害怕。他對諸葛亮說：「周瑜定計欲害劉備，豈可身入險地？」可是，諸葛亮堅持要他去，既不把預定的密謀告訴他，也不經他同意，即叫孫乾往江南說合親事。劉備也只得懷著「不安」的心情出發。這時，上下級的位置簡直顛倒過來了。

我們這裡不談諸葛亮有什麼神機妙算，只說劉備依賴諸葛亮，該是到了何等程度。這種依賴，固然表明了他智謀的不足，但他能做到這一點，已足以看出他確是稱得上一位厚黑大師，能容人之所不能容。

7 賣傻裝憨的背後是絕頂的聰明

厚黑求人者，為了達到貶低自己以抬高所求之人，獲取對方的好感這項目的，必要時就得「賣傻裝憨」，即使受到污辱，臉上也絕不可露出一絲一毫不滿，甚至要做出滿心歡喜的樣子。

安祿山在發起攻擊之前，整整10年時間「賣傻裝憨」，可謂用心良苦。但他「厚臉黑心」還不徹底，修煉的境界還不夠高，最終還是未能逃脫失敗的命運。

公元七四三年，安祿山已任平盧節度使。入朝時，唐玄宗常常接見他，對他特別優待。他竟乘機上奏：「去年營州一帶昆蟲大嚼莊嫁，臣即焚香祝天：臣若操心不正，事君不忠，願使蟲食臣心；否則請趕快把蟲驅散。下臣祝告完畢，當即有大批大批鳥兒從北飛來，昆蟲無不斃命。這件事說明，只要為臣的效忠，老天必然保佑。應該把它寫入史書。」如此謊言，本來十分可笑，但由於他善於逢迎，玄宗竟信以為真，且更加相信他憨直誠篤。

安祿山出身東北混血少數民族。他常對玄宗說：「臣生長若戎，仰蒙皇恩，得極寵榮，自愧愚蠢，不足勝任，只有以身為國家死，聊報皇恩。」玄宗甚喜。

有一次，正好皇太子在場，玄宗與安相見，安故意不拜。殿前侍監喝問：「祿山見殿下，何故不拜？」安佯驚道：「殿下何稱？」玄宗微笑：「殿下即皇太子。」安復道：「臣不識朝廷禮儀。皇太子又是什麼官？」玄宗大笑：「朕百年後，當將帝位話付，故叫太子。」安祿山這才裝作剛剛醒悟似地說：「愚臣只知有陛下，不知有皇太子，罪該萬死！」並向太子補科。玄宗感其「樸誠」，大加讚美。

七四七年的一天，玄宗設宴。安祿山自請以胡旋舞呈獻。玄宗見其大腹便便，竟能作舞，笑問：「腹中有何東西，如此龐大？」安祿山隨口答道：「只有赤心。」玄宗更高興，命他與貴妃兄妹結為異姓兄弟。安祿山竟厚著臉皮，請求做貴妃的兒子。從此安祿山出入禁宮，如同皇帝家裡人一般。楊貴妃與他打得火熱，玄宗更加寵信他，竟把天下一半的精兵交給他掌管。

安祿山的叛亂陰謀，許多人都有所察覺，一再向玄宗提出。但玄宗被他「賣傻裝憨」所惑，將所有奏章看作是對他的嫉妒，對他不僅不防，反而更加同情和憐惜，不斷施以恩寵，讓他由平盧節度使再兼范陽節度使等要職。

安祿山見計策得手，玄宗對他已只有寵信，毫不設防，便緊接著「乘疏擊懈」，搞突然襲擊。他的戰略部署是：傾全力取道河北，直撲東西兩京長安和洛陽。這樣，他雖然只有10餘萬兵力，不及唐軍一半，但朝廷猛將精兵皆聚於西北，對他毫不防備，廣大內地包括兩京，只有8萬人，河南河北更是兵稀將寡，且平安已久，武備廢弛，面對他一路進兵，步騎精銳沿太行山東側的河北平原進逼兩京，自然是驚慌失措，毫無抵抗能力。因而，他從北京起程到襲占洛陽，只花了33天時間。

唐朝畢竟比安祿山實力雄厚，驚恐之餘，倉促應變，仍在潼關阻擋了叛軍鋒銳，又在河北一舉切斷了叛軍與大本營的聯繫。然而，無比寵信的大臣竟然反叛，玄宗震怒之餘，已被深深地刺傷了自尊心，變得十分急躁。

孫子曰：「主不可以怒而興師，將不可以慍而致戰。」安祿山的計謀已使玄宗失去了指揮戰爭所必須的客觀冷靜，又怒又急之中，忘記唐朝所需要的就是穩住陣腳，贏得時間，調精兵一舉聚殲叛軍之要義，草率地斬殺防守得當的封常青、高仙芝，並強令哥舒翰放棄潼關天險，出擊叛軍，哪有不全軍覆滅，一潰千里的呢……

安軍佔領潼關後曾止軍十日，進入長安後也未乘勢追擊，使玄宗安然脫逃。可見安祿山目光短淺，他只想鞏固所佔領的兩京並接通河北老巢，消化所掠得的財富，好好享受大燕皇帝的滋味，並無徹底搗碎唐朝政權的雄圖大略。然而，就是這樣一個目光短淺的無賴之徒，竟然把大唐皇帝打得潰退千里。由此足見「賣傻裝憨」計謀的效力。

8 身為下屬，絕不能「完美無缺」

古語云：「水至清則無魚。」人過於精明、完美，常常會反過來為自己帶來麻煩。為此，聰明人有時會裝作糊塗，甚至表現出人格似有缺陷的樣子，藉以保全自己。怎樣表現自己的「不完美」呢？這要因時而定——

第一，可以通過貪圖小利，顯示自己的胸無大志。

戰爭末期，王翦奉秦王之命出征。出發前，他向秦王請求賜給大量良田、房屋。

秦王不解：「將軍放心出征，何必擔心這些事呢？」

王翦道：「做大王的將軍，有功最終也得不到封侯。所以，趁大王賞賜臣臨別酒飯之際，臣也即時地請求賜臣田園，作為子孫後代的家業。」

秦王大笑，答應了他的請求。

王翦到達潼關，又派使者回朝請求良田，連續派了五人。秦王爽快地一一應允。

這是，心腹愛將私下勸告王翦。

王翦支開旁人，悄悄說：「我並非貪婪之人。因秦王狡詐多疑，現在把全國軍隊交給我一人統率，心中必有不安。所以我請求賞賜，名讓子孫安居樂業，實以安秦王之心。」

第二，聰明而不過於精明，免得「聰明反被聰明誤」。

人生一世，面對的是紛繁多變的萬象，每天打交道的是形形色色的人物，想立身於世，不得不精明些。但是，表現精明，要因人因地而異，有時候必須適可而止。談話時，要顧及對話者的心境，不要處處顯示自己的聰明。要深悟「大智若愚」的道理，表現出自己的謙遜，避免使對方相形見絀。

要學會讚美人。這會使你處處受歡迎，甚至能幫助你逢凶化吉。深諳讚美之道，能使你順利地消除與他人的隔閡，弭平他人的顧忌和疑慮，助你走上成功之路。

秦國有位能言善辯之士，名叫中期（亦稱中旗）。有一天，他應召入宮，和秦王討論政事，把秦王駁得無言答對。

秦王大怒，心想：你怎能一點不顧全我這一國之君的臉面！

中期卻不理不睬，緩緩走出宮去。

秦王恨恨地說：「不殺這賊子，我誓不甘心！」

中期回去後，明白秦王不會為此事而放過自己，便托一位朋友進攻緩頰：「中期真是個粗人！幸好他遇到的是聖明君主，大王您沒有責怪他。假如換了夏桀或商紂那樣的暴君，早把他殺了。臣要向天下百姓宣傳此事，讓大家都知道大王的豁達大度，禮賢下士。」

秦王頓覺飄飄然：「先生過獎了。中期的話確實很有道理，我還要讚賞他呢！」

中期的高明處在於：原則上毫不讓步，但懂得在危險關頭如何想方設法，運用讚美之辭，使自己避開災禍。

越是身居高位的人，越需要別人的稱譽和讚美。因為身居高位，難免產生自高自大，唯我獨尊的心理；同時，由於屬下大多會敬而遠之，這又會使身居高位者不免感到寂寞、孤獨。

因此，學會對那些居高位的人善加讚美，分擔他們那份沈重的孤獨，用你的愛心去關注和溫暖他們那包裹著冰雪的心靈，他必會對你另眼看待，備加重視。

9 順毛摸與激將法

愛撫動物，最基本的做法就是順著牠的毛輕撫。每當主人做出這種動作，貓就會瞇起眼睛，發出滿足的叫聲；狗呢，會快樂地搖著尾巴。反之，若逆著牠們的毛摸，貓、狗因為感到不舒服，就算不咬你抓你，也必然會不高興地跑開。

人其實也是如此，喜歡別人順著自己的「毛」摸。如果你能這麼做，就多半能與他人建立良好的人際關係。在此，所謂人的「毛」，是指性情、脾氣。你如果能順著某人的脾氣和他交往，他當然會和你成為好朋友。

當然，這不是要你凡事順著別人，失去「自我」，成為別人的影子。「順著毛摸」只是方法，不是目的。你如果能成熟地運用這種方法，別人就會在不知不覺中受到你的影響，甚至被你的意志所引導。「順著毛摸」是一種特殊的「捧」，可以用在平時與人相處，用在說服別人，用在帶領部屬，也可以用在推銷商品。脾氣再大，城府再深，主觀再強的人，也吃不消這一招的。

美國一家專賣肥胖女性服飾的商店，所賣服裝的設計與一般設計完全相同，卻生意興隆，受到顧客的青睞。其訣竅就是：在銷售技術上採取不傷害肥胖女性自尊心的做法，把一般服裝店使用的尺寸換個說法，將小、中、大號改為嬌小玲瓏型、魅力女性型和公爵夫人型。這就使肥胖女性購買時，心裡特舒服。

除了「順著毛摸」，還可運用「激將法」。激將法分正面激勵和反面激勵兩種，運用於不同的對象、場合和目的。激言勵志中，莊辛激楚襄王的事例可算是正面激勵；而在軍事鬥爭中，激將起興，多採用反激法。

如果對方是自己人，就用反面的刺激性話語去激勵他，以喚起他那受到壓抑的自尊心。每個人都有自尊心、榮譽心。有時卻因某種緣故，這種自尊心、榮譽心受到了自我壓抑。此時，開導與說服往往不能使之振奮。只要有意識地運用反面的刺激性語言「將」他一軍，便會使其自尊心從自我壓抑的狀態下解脫出來，重新振奮。俗話說：「水激石則鳴，人激志則宏。」就是這個道理。這種以激燃自尊之火花為目標的遊說藝術，往往能在短時間內激發巨大的動力。

唐天佑年間，判臣朱溫用計誘騙五路兵馬反對駐守太原的晉王李克用。叛軍中有一猛將高思繼異常勇猛，善於飛刀，百步取人。後被李克用的十三太保李存孝生擒。李克用本想留他在帳前聽用，可高思繼執意回山東老家過「苦身三頃地，付手一張犁」的田園生活。後來，李存孝被奸臣康君立、李存信所害。朱溫聞李存孝已死，又發兵來犯。帳前王彥章不僅勇猛蓋世，且智謀過人。晉王將士聞風喪膽，畏敵如虎。晉王問何人願意出戰。眾多王子、許多壯士皆啞然相對，無人請戰。晉王見狀，痛哭一場。長子李嗣源進言：「昔日降將高思繼閒居山東，何不請他來迎敵。」晉王文言大喜，遂命李嗣源前往山東求將。

李嗣源來到山東農村，直奔高家莊。提起前事，高思繼說：「自勇南公存孝擒我，饒了性命，回到老家，『苦身三頃地』，與世無爭，今已數年，早把兵家爭戰之事置於身外。今日相見，別談這些。」

高思繼就是一個典型的執拗個性、說話極端的漢子。這時李嗣源如果運用一般的吹捧方法，說他如何武功蓋世云云，都不會管用。

李嗣源見高思繼已無出山之意，心想，自古道：「文官言之，武將激之。」對高將軍好言相求，難以收效，必須巧用激將之法，激其就範。於是，他編出一通謊言，說道：「天下王侯，各鎮諸侯，接聞將軍之名，如雷貫耳，稱羨不已。我與王彥章交兵，被他趕下陣來。我對王彥章說：今來趕我，不足為奇。你如是好漢，且暫時停戰。我知道山東渾鐵槍白馬高思繼蓋世英傑，有萬夫不當之勇，待我請來，與你對敵。王彥章見我陣前誇耀將軍，憤然大叫：就此停戰，待你去請他來。不來便罷，若到我這寶雞山來，看我不把他剁成肉醬……」

高思繼經此一說，不禁激得心頭起火，口中生煙，大叫家丁：「快備白龍馬來，待我去生擒此賊！」

高思繼和李嗣源快馬加鞭，日夜兼程，趕到唐營，不但晉王喜出望外，三軍將士亦是異常振奮。第二天，王彥章又來挑戰。晉王引高思繼出馬迎戰。高思繼與王彥章廝殺起來，連鬥三百回合，難分勝負，直戰到天黑。雙方見天色已晚，才鳴金收兵。這次戰個平手，卻是唐營軍士出師以來的第一次，軍威大振，信心大增，個個摩拳擦掌，準備來日再戰。

宋貞宗時，王欽若是有名的奸相，為人陰險奸詐，善於逢迎獻媚，深得真宗信任，十分看重他。而他常常進讒言，中傷其他正直的官員。被中傷者卻被他的假心假意所蒙蔽，多數不知自己已被他中傷。

契丹逼進宋域時，王欽若藉口局勢危急，力勸真宗向江南逃跑，到他的老家去建立小朝廷。寇準以其驚人的膽識和指揮若定的雄才，堅決挫敗了王欽若的逃跑主義，簇擁真宗親征，直抵前線。王欽若也跟隨真宗到了前線，仍在真宗面前叨咕這，叨咕那，事事掣肘，干擾寇準抗擊契丹的軍國大計。寇準一直在捕捉機會，想把王欽若這個奸相從真宗身邊趕走，以清君側。

有一天，真宗正為人事安排發愁。他對寇準說：「眼下契丹直逼城下，天雄軍被隔絕在敵後。天雄軍若有不測，河朔全境便會淪入敵手。你看，該讓誰去鎮守天雄軍呢？」寇準回答：「當前這種形勢，沒有什麼妙計可施。古人說：智將不如福將。參知政事王欽若仕途順利，長得白白胖胖，真是福星高照。讓這樣一位福將去鎮守天雄軍，定會吉人天相，可保萬無一失。」

真宗此刻難得寇準也這樣看重他，心中特別高興，命令寇準草擬詔書，通知王欽若上任。王欽若接到真宗的旨意，直嚇得臉色慘白。他原是個膽小鬼，只會溜鬚拍馬，挑撥離間，哪有深入敵後去固守孤城的本領？此去準是白白送死。

寇準見他可憐兮兮的模樣，便對他說：「國家危急，皇上親自掛帥出征，你是皇帝一貫倚重的執政大臣，現在正宜體貼皇上心意，為國效力。」稍頓又說：「護送你上任的部隊已經集合待命，皇上指示免去上朝告辭的禮節，讓你馬上出發，不可耽誤軍機。」王欽若沒法，只得硬著頭皮到天雄軍上任。到駐地一看，田野全是契丹兵。他哪有退敵良謀？只好堵死城門，固守待斃。

趕走了王欽若，宋軍上下齊心，一致對敵，終迫使契丹退兵求和，解除了宋朝開國以來最大的一次軍事危機。天雄軍也因契丹撤軍，得以解圍。

10 巧妙暗示，讓別人心甘情願為你辦事

再倔強的人，只要有利可圖，也難免上鉤。求人幫忙時，因為對方要付出一定的辛勞和精力，你就得付出一定的報酬。但具體付給多少，最好不要過早講出來，也不要講得那麼具體。事情還沒開始做，究竟應該付多少報酬，也說不準。誰能事前瞭解一件事做起來的難度？說得少，對方會認為不值一幹，不願多花精力；說得太多，待發現能輕易完成，自己難免後悔不該給那麼多，給的時候，就捨不得往外拿，致對方認為你不講信用。

再者，事前把數額說得太具體，對方若沒辦成，可能覺得好像失去了什麼似的。事前未具體允諾，他就不會有這樣的感覺。

當然，閉口不提報酬也不行。也就是說，必須讓對方知道將有相應的報酬，而且讓他感覺出報酬的大概數目。這個數目並不具體，只是雙方之間的默契，或者他可以根據你的某種暗示猜測。這樣一來，必定有利於雙方的配合。

一般請人幫忙，一開始總要請對方吃一頓飯。這頓飯就是表現你實力的機會，應

該把這頓飯搞得像樣一點。對方看你如此大方，定會相信事成之後，不會受虧待的。而且，你這麼大方地請他吃飯，他會覺得欠著一份人情，辦事就有動力了。

其次，你要善用彼此共同的興趣，使所求之事儘量在雙方的心靈上達到默契。每個人都有某個方面的興趣，利用這種興趣，常常可以在彼此之間建立起比較親密的關係。因此，欲與某人的特殊興趣建立特殊關係，就必須把你的興趣表現出來。越是值得你與他接近的人，你就越應該努力對他所感興趣的事進一步深入瞭解。這樣，你才能充分地應付他，使他樂意提供你所想得到的幫助。

用這種方法接近人，必須態度誠懇。如果你說你的嗜好和某人相同，不過是一句假話，不久，你的假話便會被人看穿。

一旦你與對方由於興趣共通，達成了心靈的默契，你在運用暗示時就必然非常有效。比如具體的報酬數量，你不用明說，對方也能心領神會。

在正式的交談中，不要把老婆、兒女抬出來當話題。習慣性地講幾句正經話後，就把話題扯到老婆、兒女身上，不免給人娘娘腔和不務正業的感覺。

談話時，可以先從政治、經濟等比較嚴肅的題目開始，再涉及文學、藝術、個人的興趣方面等比較輕鬆的話題。談話的語言要視對方的修養而選擇，做到能雅能俗，才不致使對方產生格格不入的反感。

11 到什麼山，唱什麼歌

俗話說：「到什麼山，唱什麼歌。」說話不看對象，不僅達不到求人的目的，往往還會傷害對方的面子。一旦瞭解對方的情況，即使發表一些大膽的言論，也不致使雙方的對話破局。

第一，要根據對方的身分，確定說話的方式和內容。

《世說新語》中有這麼一則故事：許允在吏部做官，提拔了很多同鄉人。魏明帝察覺後，便派虎賁衛士去抓他。他的妻子趕緊告誡他：「明主可以理奪，難以情求。」讓他向皇帝申明道理，而不要寄希望於哀告求饒。

於是，當明帝審訊許允時，許允直率地回答：「陛下規定的用人原則是『舉爾所知』。我的同鄉我最瞭解，請陛下考察他們是否合格。如果不稱職，臣願受罰。」

明帝派人考察許允所提拔的同鄉，他們都很稱職。於是，他將許允釋放，還賞了一套新衣服。

第二，求人時，除了考慮對方的身分，還要注意他的性格。

一般來說，一個人的性格特點常會透過自身的言談、舉止、表情等流露出來。比如：那些快言快語、行動敏捷、眼神鋒利、情緒易衝動的人，往往性格急躁；那些直率熱情、活潑好動、反應迅速、喜歡交往的人，往往性格開朗；那些表情細膩、眼神穩定、說話慢條斯理、舉止注意分寸的人，往往性格穩重；那些安靜、抑鬱、不苟言笑、喜歡獨處、不善交往的人，往往性格孤僻；那些口出大言、自吹自擂、好為人師的人，往往驕傲自負；那些懂禮貌、講信義、實事求是、心平氣和、尊重別人的人，往往謙虛謹慎。對於這些不同性格的談話對象，一定要具體分析，區別對待。

在《三國演義》中，諸葛亮針對張飛脾氣暴躁的性格，常常採用「激將法」說服他。每當遇到重要戰事，就先說他擔當不了此任，或說怕他貪杯酒後誤事，以此激他立下軍令狀，增強他的責任感和緊迫感，激發他的鬥智和勇氣，掃除輕敵思想。

對關羽，諸葛亮則採取「推崇法」。如馬超歸順劉備之後，關羽提出要與馬超比武。為了避免二虎相鬥，難避一傷，諸葛亮給關羽寫了一封信：「我聽說關將軍想與馬超比武別高下。依我看，馬超雖然英勇過人，但只能與翼德並驅爭先，怎麼能與你『美髯公』相提並論呢？再說，將軍擔任鎮守荊州的重任，如果你離開了，造成損失，罪過有多大啊！」

關羽看了信以後，笑著說：「還是軍師了解我！」他將書信遞給賓客們傳看，打消了比武的念頭。

戰國時期，著名的縱橫家鬼谷子曾經精闢地總結出與各種各樣的人交談的辦法：「與智者言，依於博；與拙者言，依於辯；與辯者言，依於要；與貴者言，依於勢；與富者言，依於豪；與貧者言，依於利；與賤者言，依於謙；與勇者言，依於敢；與愚者言，依於銳。」

「說人主者，必與之言奇；說人臣者，必與之言私。」

上面兩段話，意思是說：和聰明的人說話，須憑見聞廣博；與見聞廣博的人說話，須憑辨析能力；與地位高的人說話，態度要軒昂；與有錢人說話，言詞要豪爽；與窮人說話，要動之以利；與地位低下的人說話，要謙遜有理；與勇敢的人說話，不能稍顯怯懦；與愚笨的人說話，可以鋒芒畢露。與上司說話，須用奇特的事打動他；與下屬說話，須用切身利益說服他。

運用語言求人辦事，還有一個需要注意的問題：一定要專注地傾聽對方說話。有些人在求人時，自己滔滔不絕，沒完沒了地恭維對方，以為這樣就能博取對方的好感。殊不知，這樣做只能適得其反。總之，求人辦事，要管住自己的嘴巴，豎起耳朵。想達到目的，首先要當個好聽眾。

你認真地聆聽某人講話，你的認真、你的全心全意、你的鼓勵和讚美都會使他感到你很尊重他，從而，他也會善意地回報你。這就是「捧」的實質。

那麼，怎樣才能成為一個好聽眾呢？

與人交談，儘量使對方談他感興趣的事，並用鼓勵性的話語或手勢讓對方說下去，不時地在不緊要處說一兩句讚歎的話，且全心全意地聆聽。輕敲手指或頻頻用腳打拍子，這些動作會傷害對方的自尊心。眼睛要看著對方的臉，但不要長時間盯住他的眼睛，因為這樣會使他壓力頓生。

對方說了一大通以後，如果得不到你的回應，儘管你認真地聽，他也會覺得你心不在焉。因此，在對方話語的不緊要處，不妨回以一些很短的評語，諸如：「真的嗎！」「太好了！」「告訴我是怎麼回事？」這些話會使對方興趣倍增。

在對方講話時，不可用不相干的話把他的話頭打斷，以免引起對方的反感。

除了說話以外，一個眼色、一個表情、一個動作，都能在特定的語境中表達明確的意思。就是同一句話，也可以表達出弦外之音、言外之意。

12 利用人性中同情弱者的弱點

人類天生會同情弱者。調動眼淚戰法，對人哀哀以求，動之以情，這種求人術，古今中外，屢試不爽，原因就在於此。當然，精通《厚黑學》的大師除外。他們以勘破情關，對淚箭具有超強的免疫力。

拿破崙的妻子約瑟芬原是博阿爾內子爵夫人，一向水性楊花，生活放蕩。當拿破崙在義大利和埃及戰場浴血搏鬥時，新婚不久的她就與一個叫夏爾的中尉私通，對拿破崙毫無忠貞可言。她原以為拿破崙會戰死沙漠，因而一心想為自己安排後路。

一七九九年10月，拿破崙從埃及回到法國，受到法國各界熱烈歡迎。消息傳到巴黎，約瑟芬驚呆了。拿破崙成了歐洲最知名的人物，法國的救星，前程無量。她欺騙了拿破崙，並想拋棄他，這時當真後悔極了。

她趕緊坐上馬車，長途跋涉，去法國南部的里昂迎接拿破崙。她想在拿破崙與家人見面之前見到他，趁著他正興奮矇騙他，避免自己的醜事暴露。

約瑟芬好不容易到達里昂，拿破崙卻已從另一條路走了，並與家人會合。拿破崙對妻子的不貞早有耳聞，此時既經證實，他立即暴跳如雷，下決心與其離婚。

約瑟芬知道大事不妙，日夜兼程，趕回巴黎。

拿破崙吩咐僕人，不讓她走進家門。她勉強進了門，卻不知怎樣應付與丈夫見面的場景。片刻之後，她靜下心來，決定壯著膽子去見丈夫。

約瑟芬來到拿破崙的臥室門前，輕輕敲門。房裡沒有回答。

她再次敲門，並溫柔而哀惋的呼喚。拿破崙沒有理睬。

她失聲大哭，短促呻吟。拿破崙無動於衷。

她哭著，用雙手捶門，請求原諒，承認自己一時輕率、幼稚，犯下錯誤，並提起他們以前的山盟海誓……說如果他不能寬恕，她只有一死。這仍然打動不了拿破崙。

約瑟芬哭到深夜，不再哭了。她忽然想起孩子們，眼睛一亮，燃起了希望之光。

她知道，拿破崙愛她的兩個孩子奧坦絲和歐仁，尤其喜歡歐仁。這是打動他的好辦法。讓孩子們求他，他可能會改變主意。

孩子們來了，天真而笨拙地哀求著：「不要拋棄我們的母親，她會死的……還我們，我們怎麼辦呢？」

人心都是肉長的，約瑟芬這一招終於成功。拿破崙雖然懷疑她已背叛他，但她的哭聲在他的腦海裡泛起他們相愛時的美好回憶，奧坦絲和歐仁的哀求聲更進一步衝破他心中設下的防線，他忍不住熱淚盈眶。

於是，房門打開了，拿破崙與約瑟芬重歸於好。後來，拿破崙登基時，約瑟芬成了皇后，榮耀之至。

據說，兇殘的鱷魚在吞噬獵物前，總要流下一串串「傷心」的眼淚。這就是所謂「鱷魚的眼淚」。在官場政壇，有人為了升官發財，剷除政敵，也會用哭達到目的。

但是，這裡所說的哭，並不是說求人者一定擺出一副可憐兮兮的樣子，流下幾滴眼淚。關鍵是設法打動所求之人的同情心，使他首先從感情上與你靠近，產生共鳴。

同情心可促使當權者對向他提出要求之人的理解。但這並不等於說，他馬上會下定為求人者辦事的決心。他要考慮多方面的情況，難免心存猶豫，甚至覺得多一事不如少一事，不想過問。這時候，求人者若善於一「哭」，就可能激發他的同情心。

ch.5 手段，就是為了達到目的

——人人都有怕與不怕。若想達到求人的目的，必先壯起膽量，使自己不怕，找到對方最怕的地方，斷其後路，將對方逼到「牆角」——他自然會乖乖地為你辦事。

1 斷絕對方的後路，使他只有任你擺布

如果你拿到某人的什麼把柄，或私吞公款，或收受賄賂，或亂搞男女關係，抑或他有什麼心愛的人、心愛之物在你手裡，他就得老老實實聽你的。因為，你已經斷絕了他的後路，他只有聽任你擺布了。運用「斷絕後路」的計策，有兩個要點：

1．設「局」誘敵——日本人系山最初經營高爾夫球場。高爾夫球場的選址很有講究。球場位置適當，地形條件佳，顧客就多，容易獲利。但擁有這等土地的地主很難打交道，收購費必然很高。比上述條件差的土地，雖容易收購，且收購費用低，但經營不易獲利。

一次，許多人看中了一塊地。系山也是其中之。這塊地無論是位置還是地形條件，都屬上乘。但價格高得嚇人，市價約2億日元。

系山決心以更低的價格將這塊土地買到手，他先放出風聲，說他對這塊地十分滿意，將不惜一切代價買下。

很快，地主的經紀人找上門來。乍見之下，這經紀人以為系山是個不懂行情的外

行人，便存心心心地敲一下竹槓，開口便報價5億日元。

系山連眼睛也沒有眨一下，便說：「這麼便宜，我要了！」

2・抽「梯」斷敵——一聽系山願出高價，經紀人欣喜若狂，馬上跑去向地主回話，和地主簽訂了代理契約，並把系山的情況繪聲繪色地描繪了一番。

想賣出大價錢的地主當然高興，覺得過上這麼個冤大頭，可以大佔便宜，就把其他有意買地的人一概回絕。

此後，經紀人多次找系山簽約，但系山要嘛不見蹤影，要嘛藉口拖延。一連九次，經紀人再也沈不住氣了，只得攤牌，要系山做出決定。

系山知道火候到了，便歷數那塊地的缺點，說它根本不值5億日元。雙方討價還價，經紀人擋不住系山凌厲的攻勢，步步退卻，最後只能亮出底價2億日元。

但系山並未停止攻勢：「如果市價是2億日元，我就出2億日元，我又何必費這麼多功夫？還可能讓人嘲笑我不懂行情！」

經紀人黔驢技窮，只好去向地主如實回報。地主聞言，大傷腦筋。因為他已全部回絕想買這塊土地的人。如果現在系山不買，再找原來的顧客，一來會被他們譏笑，二來會被大殺其價，說不定結局更慘。

無可奈何之下，地主只得說：「既如此，就要他開個價吧！」

最後，系山以1.5億日元的價格得到這塊寶地。

元末，徐達身為朱元璋的得力助手，為朱元璋登上皇帝寶座立下汗馬功勞。不過，最初徐達並非自願為朱元璋出力，朱元璋請他出山，還費了一番心思。

當時，朱元璋廣招天下賢才，各路好漢紛紛擁來，可就是缺少一位運籌帷幄的領兵元帥。這時，朱元璋手下大將胡大海想到姑表兄徐達精通兵法，胸懷韜略，因不滿元朝的暴政，故而隱居山林，過著自食其力的田園生活，遂向朱元璋舉薦。朱元璋對徐達並不陌生，聽胡大海一說，立即欣然應允。

一見徐達，胡大海迫不及待地把此行的目的說出。誰知沒等胡大海講完，徐達已連連搖頭道：「多承賢弟美意！只是，愚兄久居深山僻野，一向孤陋寡聞，實難從命！」隨又指指胡大海帶來的禮物，繼續說：「重禮不敢收，煩請帶回，並請你家主人另選賢達之士。」胡大海知道徐達做事謹慎，對朱元璋不太信任。但他並不灰心，仍持續軟磨硬纏。

第二天，徐達乾脆遠出山門，對胡大海避而不見。胡大海急得團團轉。忽然，他心頭一動，想起徐達是一名大孝子，遂授計隨從。幾個隨從領命而去。

當天夜半，大風呼嘯。突然，徐宅濃煙瀰漫，不多時，一座清靜淡雅的四合院竟燒得片瓦無存，一片灰燼。徐達聞訊趕到，以為老母已葬身火海，直急得捶胸頓足，哭得死去活來。正當此時，胡大海趕到，一把拉起徐達：「表兄莫要悲傷，快去追趕強人，為姑媽報仇要緊！」

徐達一聽，翻身上馬，咬牙切齒道：「不擒這夥毛賊，碎屍萬段，豈解我心頭之恨？」他跟著胡大海，直追到天亮時分。可他們追得快，那夥人跑得更快。他們追了一陣，已累得人困馬乏。前面那夥人竟優哉悠哉地趁機停下來休息。

如此一連數日，忽見前面出現一座軍營。徐達頓生疑竇，忙問胡大海。胡大海這才賠禮告罪，把自己想請他出山，他又死活不肯，不得已，只好吩咐手下扮成強人，闖入徐宅劫走姑母、嫂子、侄子，然後放火焚宅的實情一一說出。

徐達見事已至此，哭笑不得，加上已無家可歸，只得長歎一聲，隨胡大海來到軍營，最終成為朱元璋的左膀右臂。

胡大海求賢若渴，在不得已的情況下，只得一把火把徐達逼到「牆角」，使其再無迴旋餘地。這種「斷絕後路」的計謀，全在於用計者的神機妙算。

2 過了這個村，就沒這個店

針對所求對象的某種心理，可借用某種媒介或採取某種方式刺激他的興趣，或是造成一種競爭的局面。這就叫刺而動之。

在比利時的一個畫廊裡，有一個印度人帶來三幅畫，同畫商進行交易。這明顯是印度人求畫商買他的畫。一開始，印度人對三幅畫總共要價二百五十美元。畫商不同意。雙方經過一番激烈的討價還價，還是陷入僵局。印度人被惹火了，拿著畫跑出去，將其中一幅畫付諸一炬。畫商愛畫心切，心中大慟，趕忙問印度人，剩下的兩幅畫願意出價多少。印度人仍然要價二百五十美元。畫商再度拒絕。印度人一聽，竟然又燒掉了其中一幅。畫商見狀，搶過剩下的最後一幅畫，問印度人願意賣多少錢。印度人堅決地說，還是二百五十美元。結果，印度人硬是從畫商手裡得到他需要的二百五十美元，這就是「逼君上梁山」的絕好例證。

有一個自稱急等錢用而被迫變賣戒指的賣主正和一位對此交易流露出興趣的買主討價還價。賣主要價六面美元，聲稱這是最低價格，否則虧本太多。買主把戒指放在手上掂來掂去，始終拿不定主意。

正在這時，有兩個矮小的婦女剛好從旁邊經過。實際上，她們同賣主是合夥人。其中一個婦女對另一個婦女說：「多好的戒指！成色好，式樣又別致。要是在珠寶店，至少要八百美元才能買到。如果我有錢，就馬上買下來。真是遺憾！」

聽到這番議論，那買主有了信心，立刻拿定主意，以六百美元買下這枚戒指。

其實，這枚戒指在珠寶店裡還不值四百美元。在此，賣主依靠同夥從旁散布假行情，採用煽動的方法，刺激了買主的興趣，堅定了買主的信心，使他的商品賣到了好價錢。

運用「逼君上梁山」的方法求人，有個訣竅：抓住對方的心理弱點，攻其一點，不及其餘。即在對方最重要，甚至最害怕的地方下刀。

戰國時代，齊國人張醜被送到燕國做人質。不久，齊、燕兩國關係緊張，燕國人想把張醜殺掉。

張醜得了消息，立即尋機逃走。尚未逃出邊境，就被燕國的守關官吏抓住。

張醜見硬拼不行，便對這關吏說：「你知道燕王為什麼要殺我嗎？因為有人向燕王告了密，說我有許多財寶。但我並沒有什麼金銀財寶，燕王偏偏不信。」

說到這裡，他問道：「我被你捉到了，你會有什麼好處？」

「燕王懸賞一百兩捉你，這就是我的好處。」

「你肯定拿不到銀子！如果你把我交給燕王，我會對燕王說，是你獨吞了我所有的財寶。燕王聽到後一定暴跳如雷，到時候你就等著陪我死吧！」張醜邊說邊笑。

關吏聽到這裡，有些心慌、害怕，最後只好把張醜放了。

美國第六任總統亞當斯有個特點：他不願輕易表露自己的觀點，往往使採訪他的報社記者失望而返。女記者安妮·羅亞爾很想瞭解總統關於銀行問題的看法，可屢次採訪，都沒有結果。

後來他瞭解到總統有個習慣，喜歡在黎明前一兩個小時起床，散步，騎馬，或去河邊裸泳。於是她心生一計。

一天，她尾隨總統來到河邊，先藏身樹後。待亞當斯下水以後，她一屁股坐在他的衣服上，喊道：「請游過來，總統先生！」

亞當斯滿臉通紅，吃驚地問道：「你要幹什麼？」

「我是一名女記者。」她回答：「幾個月來我一直想請您就國家銀行的問題說明一下。我多次到白宮，他們都不讓我進去。於是，我觀察您的行蹤，今天早上悄悄尾隨您來到這裡。現在我正坐在您的衣服上。您不讓我採訪，就別想得到它！不回答我的問題，就在水裡待一陣子！」

亞當斯敷衍道：「讓我上岸穿好衣服，我保證讓你採訪。請到樹叢後面去，等我穿好衣服。」

「不！絕對不行！」羅亞爾急促地說：「你若上岸來搶衣服，我就要喊了！那邊有三個釣魚的。」

最後，亞當斯無可奈何，等在水裡，回答了她的問題。

總統的面子大，丟不起。女記者要的就是這個——對方不得不讓步！

3 先勾起對方的胃口

打著為人著想的旗號求人辦事，的確不失為一個好辦法。但是，你得有機會在對方面前陳述其中利害。若沒有見面的機會，或者見了面，找不到因由提及所談之事，都無法實施這套策略。這時厚黑求人者會以出人意料的手段，首先引起對方注意。

一般人都習慣於常規思維，按照通則行事。如果有人突然打破常規，他的話和行動便會引起眾人的好奇心，促使眾人懷著極大的興趣去關注他。這樣，他求人的工作就可順利進行。

春秋初期，秦、晉聯合攻鄭，勢如破竹，把鄭國都城團團圍住。燭之武受命去說服秦穆公退兵。他趁著深更半夜，到秦軍營前大哭。

秦穆公好奇，命人抓他進來，問道：「你是什麼人？

「我叫燭之武。」

「為什麼大哭？」

「哭我們鄭國就快亡國了？」

「為什麼你偏偏來我軍營外哭？」

燭之武等的就是這句話，他立刻回答：「我既哭鄭，同時也是在哭秦呀！因為鄭國被滅雖是在劫難逃，秦國之舉，卻不免讓人感到可惜。」

穆公眼露不解。燭之武接著說：「秦、晉兩國聯合攻鄭，肯定能得到勝利。但得勝之後，對秦國絲毫沒有好處，甚至還有壞處。因為秦在晉之西，與鄭國相隔千里，怎可能越過晉國，佔領鄭國的土地？相反，晉、鄭邊界相連，勝利之後，鄭國的領土必然被晉國佔領。現在秦、晉勢均力敵，可晉國一旦得到鄭國的土地，其力量就會大大超過秦國。晉國歷來言而無信，現在為了擴張它在東邊的領土，想滅掉鄭國。到了有一天它想擴張西邊的領土，也必定會吃掉秦國。相信大王不會忘掉歷史上晉曾假途伐虢的教訓吧？假如大王現在退兵，我們國王願意同貴國結為友好。這樣，將來大王有事，必須經過鄭國，鄭國很願意做東道主。假若鄭國被滅，將來秦國就再也不能遠涉東方各地了。」

燭之武的一番分析，說得秦穆公連連稱是，立即決定與鄭國結盟，自己班師回秦，留下三員大將率兩千精兵幫鄭國守城。

燭之武借哭為引，打著為秦國著想的旗號，終使得秦王改弦更張，捨晉就鄭。

戰國時代，蘇秦曾經長期為燕國服務。後來，他滯留在齊國。這期間，他實際上是做間諜工作，目的是把齊國攻擊的目標轉移到燕國以外的國家。

有一次，齊國動員大軍攻燕，奪走了十個城邑。燕王大驚，把蘇秦叫來，對他說：「我一向偏勞先生居間斡旋，但事不奏效，竟演變成這樣的結局。希望你馬上啟程，到齊國去疏通一下。」

蘇秦立刻應允：「大王放心！我一定索回被奪的城邑。」

領土被敵國奪走，要毫無代價地索要回來，這種交涉的任務當然極為艱難。據《史記》記載，蘇秦到了齊國，晉見齊王時，「俯而慶，仰而吊」。所謂「俯而慶」，是說蘇秦俯身禮敬時說：「這次大王擴張領土，非常可慶可賀。」所謂「仰而吊」，指他慢慢抬起頭來，說：「可是，齊國的命脈就到此為止了！」

既慶又吊，這兩種相反的態度緊密相接，任何人聽了，都必然會大吃一驚。果然，齊王一聽，愣住了，急問道：「慶吊相隨何速？」

蘇秦立即解釋：「我聽說，快餓死的人，也還是不敢吃毒草，因為愈是吃它，愈死得快。燕雖是小國，燕王卻是秦王的女婿，貴國奪走了燕國的領土，從此就得和強秦為敵了。像大王這樣，只撿了一點小小的便宜，反而招致天下精兵攻來，不正如同吃了毒草嗎？」

齊王一聽，臉色大變，又問：「那該怎麼辦？」

蘇秦續逞舌鋒：「古時候的成功者大都懂得『轉禍為福，轉敗立功』的道理。我想，為今之計，最好是立刻把奪來的領土還給燕國。這樣，燕國一定很高興，秦國也會認為貴國寬宏大度。這叫『釋舊怨，結新交』。燕、秦兩國對齊國友善，其他諸侯也必然跟進。」

齊王聽罷，點首道：「嗯，你說得有道理。」

於是，他把奪來的城邑全數歸還燕國。

蘇秦就這樣順利完成了未付任何代價索還領土的任務了。

4 先聲奪人，以達到反客為主的目的

求人者居於弱勢，若所求之人擺出居高臨下的姿態，可以像燭之武那樣，先示弱乞憐，然後步入正題，實施「恐嚇」。或是一開始就以「恐嚇」壓制對方，讓他屈從，改變主意。這就是反客為主。

諸葛亮出使東吳，遊說孫權與劉備聯合抗曹的故事，就是反客為主的好例證。

第一，面對面，隻字不提所求之事，使對方擺好了陣勢，卻找不到對手。

《三國演義》中提到，曹操率大軍南征，劉備敗退，無力反擊，似乎只能坐以待斃。以劉備單獨的力量，絕對無法與曹操相抗衡。解決的辦法只有一個，就是與江東的孫權聯手。此時，諸葛亮自願出使江東，進行遊說，把孫權捲進這場戰爭。如果是一般使者，有可能為了請求對方出兵支援而低聲下氣。諸葛亮卻完全相反，採用「反客為主」的方法，做出一副強硬的姿態，硬是激發了孫權的自尊心。

當時，孫權自恃擁有江東全土和十萬精兵，又有長江天塹作為天然屏障，大有坐觀江北各路諸侯惡鬥的態勢。他深知諸葛亮此行的目的，遂採取居高臨下的姿態，等待諸葛亮的哀求。

不想諸葛亮見到孫權，開門見山就說：「現在天下大亂，將軍舉兵江東，我主劉備募兵漢南，同時和曹操相持。曹操已幾乎將北方完全平定，名震天下，各路英雄被其網羅。我主已不幸敗退，將軍是否也要權衡自己的力量，以應對目前的情勢？如果貴國的軍勢足以與曹軍相抗衡，應盡快與曹軍斷交。若是無法與曹軍相抗，則應解除武裝，臣服於曹操。將軍你是否已定好方針，決定臣服於曹操？時間剩下不多，再不做決定就來不及了。」

諸葛亮隻字不提聯吳抗曹的請求，好像專門為東吳的利益來點破迷津。孫權當時只有26歲，血氣方剛。諸葛亮明知他不會輕易投降，屈居曹操之下，因而採用反客為主的策略，試圖激發他的自尊心。

第二，一番進攻之後，考查一下效果，看對方的反應。

孫權聽完諸葛亮的一席話，雖然不高興，但不露聲色，反問道：「照你的說法，劉備為何不向曹操投降？」

第三，接招反擊，將對手從心理上徹底擊敗。

諸葛亮針對孫權的質問，答道：「昔日齊王田橫忠義可嘉，為了不服侍二主，在漢高祖招降時，不願稱臣而自我了斷。我主乃堂堂漢室之後，欽慕其英邁，投到他旗下的優秀人才不計其數。不論事成或不成，都只能說是天意，怎可向曹賊投降？」

孫權在諸葛亮巧使機鋒下，終於決定和劉備聯手。但面對曹操的八十萬大軍，又慮及劉備新近敗北，心裡還存在不少疑惑。

諸葛亮看出了這一點。於是，他不慢不緊地進一步遊說道：「我主新敗，想要整軍，的確有其困難。但曹操大軍長途遠征，這是兵家大忌。他為追趕我軍，輕騎兵一夜急行三百餘里，已是「強弩之末」。且曹軍多係北方人，不習水性，不慣水戰。再則，荊州新失，城中百姓為曹操所脅，決不會心悅誠服。現在將軍的精兵若能和我軍並肩作戰，定能打敗曹軍。曹軍北退，自然形成三分天下的局面。這是難得的機會，現在全看大王的決定了？」

孫權在諸葛亮激起自尊後，又聽到他中肯的分析，增強了信心，遂同意與劉備聯手抗曹了。

5 正話反說，反襯出對方行為的荒謬

五代時，後唐莊宗酷愛打獵。一次，他帶著一群朝廷官員出訪，途經牟縣。走著走著，一隻野豬從叢林裡竄了出來。隨從呼擁而上。野豬嚇得慌忙向麥田跑去。一看野豬沒了蹤影，莊宗命令隨從拼命追趕。一追，田裡的麥苗被踏壞了一大半。這事恰好被在外視察民情的縣官看到了。這縣令歷來就關心民生疾苦，這次又親眼看到長勢正旺的麥地一下子成了一片廢墟，心裡很不好受。

縣官知道是皇帝在打獵，但他還是斗膽出言諫止，莊宗正在興頭上，見有人出來阻攔他的人馬，頓時大怒，不由分說，叫人將縣官捆了起來。旁人雖感不平，但懾於權威，只得忍氣吞聲，沒有誰敢說半個「不」字。

莊宗的隨從敬新磨生性好打不平，看到縣官無辜被綁，心裡很不安，想搭救，但又犯難，怕正面維護縣官，惹怒了皇上；不救吧，又於心不忍。突然，他靈機一動：何不來個正話反說，以達到「打牆壁，震屋地」的效果！

這麼一想，他立刻衝上前去，指著縣官罵道：「你這個糊塗蟲！難道你不知道皇上喜歡打獵嗎？」

莊宗見隨從中有人出面為他說話，頓時化怒為喜。

見皇上情緒好轉，敬新磨馬上乘機「訓斥」縣官：「你應該把這片地空起來，讓皇上隨心所欲地追趕獵物。你難道怕老百姓餓肚皮，國家收不上稅嗎？百姓餓肚子事小，皇上打獵事大；國家收不上稅是小事，讓皇上打獵高興才是大事啊！」

莊宗越聽越不對勁，最後終於明白他是在批評自己，連忙走上前去，緩下口氣道：「算了！這不過是一場遊戲罷了。趕快把縣官放了吧！」

有一些不便明說的問題，如果直接觸及，聽到的人不可能輕易相信，還可能給說話者帶來極大的損失。這時怎麼辦？如果能巧妙地運用比喻，就可能突破僵持不下的局面。

明成化十五年，權閹汪直受命巡邊。防邊官吏畏之如虎，莫不執禮甚恭，甚至坐在路邊迎候。鎮守遼東的兵部侍郎馬文升獨表憤慨。汪直與陳鉞合謀，把陳鉞擾邊的罪責一古腦兒轉嫁到馬文升身上。

原來，陳鉞濫殺邊民冒功，激起民憤，馬文升前往剿撫，才得平定。由於汪直的奸詐，馬文升被貶。

陳鉞細心揣摩汪直的心意，覺得應當為他創造一個立下戰功的機會。於是，他假報邊警。憲宗讓朱永統兵，汪做監軍，到邊境轉了一圈，便凱旋了。

這次出征的結果有二：一是殺了許多無辜邊民，搶了不少財物；二是朱永得封保國公，陳鉞升為右都御使，汪直加了俸祿。

王越見陳鉞由代罪之身，輕而易舉地升官發財，不禁眼紅，也依樣畫葫蘆，假稱邊關有警。憲宗也不問明原委，只管稀裡糊塗地下命令，再次讓朱永領兵，王越輔助，汪直監軍。「凱旋」之後各有升賞。王越如願以償，被封為威寧伯。

王越和陳鉞成了汪直的心腹爪牙，時人把他倆比作兩把「鉞」（古代的一種斧子），莫不畏懼。偏偏有一個善於戲謔的小宦官阿醜看不過去，設法在憲宗面前揭發汪直和「二鉞」的不法之行。

一天，當著憲宗的面，阿醜裝作街頭醉漢的樣子，胡說亂罵。憲宗聽了不解。另一小宦官扮作一個行路人，大聲喊道：「官長到了？」阿醜不理，漫罵如故。一會兒又上來一個太監，大呼：「御駕來了！」阿醜仍然不理。最後，小太監上來急呼：「汪太監來了！」阿醜立即現出驚慌之狀。小太監故意喊住他，問道：「皇上來了，你都不怕，怎麼單怕汪太監？」阿醜答道：「我只知有汪太監，不知有皇上！」

憲宗聽了這些話，皺起眉頭。

阿醜見憲宗已被打動，便進一步把戲做下去。他仿效汪直的衣冠，持兩把大斧而行。旁邊的伶人問道：「你拿這斧子幹什麼？」阿醜道：「是鉞，不是斧！」伶人又問他為什麼持鉞而行。阿醜答道：「此鉞非同小可！自點兵遣將，全靠此二鉞！」伶人三問：「什麼鉞，有如此威力？」阿醜答道：「呆鳥！竟連王越、陳鉞都不知道？」

憲宗聽了此言，微微一哂。

至此，憲宗對汪直開始有所忌憚。

恰在此時，御史徐鏞上表彈劾汪直：「汪直與王越、陳鉞結為腹心，互為表裡，肆意羅織文告，擅作威福，以致兵連西北，禍結東南，天下之人，但知西廠，而不知有朝廷，只知汪直，而不知陛下。汪直羽翼逐漸豐滿，令人心寒。希望陛下能明正典刑，以作為奸黨鑒戒！」

牆倒眾人推。汪直集團內部也因爭權奪利而互相傾軋，把汪直的不法隱情全部上報。憲宗終於決定處置西廠。他先撤了西廠，驅逐汪直的心腹死黨王越、戴縉等人。因陳鉞此前已犯罪被殺，沒有追究。

6 點撥關節，由對方自己推想後果

要把一個現成的結論強加給人很難，把推理和思維的程序「推銷」給人，只要點撥一下問題的癥結所在，對方就會很自然地沿著你指定的思路得出結論。如果結論是後果非常嚴重，自然會起到「恐嚇」的作用。而且，這不是你強加給對方，一切都是水到渠成，不由得對方不就範。

楚靈王於周景王七年召開諸侯大會之後，為了向各國諸侯展示自己兵力強盛，兩次攻打吳國，但都沒有成功。於是他大興土木，欲以物力誇示於諸侯。

他修建了一座宮殿，名叫章華宮，占地四十里，非常雄偉。此宮又叫三休宮。意思是：登中央高臺，需要休息三次，才能到頂。另一名為細腰宮。因為楚靈王認為人美不美全在腰間，只要身腰細小，就是美。這座宮中住滿了他視為美人的瘦腰女子。

周景王十年，楚國邀請魯昭公前來祝賀章華宮的落成。

前去邀請的大夫啟疆回國報告時說：「魯國國君一開始還不肯來，我再三向他訴說他與我國大夫嬰齊的舊情，又以討伐相威脅，他害怕被攻打，才應允前來。魯君對禮儀很熟悉，願主公多多留意，不要被魯人笑話！」

楚靈王問道：「魯君相貌如何？」

啟疆回答：「白面皮、高身材，留著一尺多長的鬍子，可謂一表人才。」

靈王於是暗中選了一名大漢，都留著長鬍子，讓他們學習魯國的禮儀，屆時出任魯昭公的陪侍。魯昭公應約前來，見到這些侍者，十分吃驚。又見章華宮華麗壯觀，誇讚之聲不絕。

楚靈王十分得意，問道：「貴國亦有這樣的宮殿嗎？」

魯昭公忙躬身回答：「敝國小得很，比不止貴國萬分之一。」

楚靈王更得意洋洋，下令在章華宮中宴請魯昭公。但見一群美少年，裝束鮮麗，宛如婦人，手捧雕盤上桌，唱著歌勸酒。金石絲竹，紛然響和，樂聲宏亮，遠到天際；粉香相逐，飄飄然如入神仙洞府，令人忘卻是在人間。

宴畢楚靈王一時興起，便將楚國兵庫中的鎮庫寶弓「大屈」贈給魯昭公。

第二天，楚靈王酒醒後立刻後悔。他捨不得此弓被人拿走，便將此心思告訴啟疆。

啟疆說：「主公放心！我能使魯君把此弓歸還。」

啟疆到公館拜訪魯昭公，假裝不知這事，對昭公說：「吾君昨日宴請時，贈給君王什麼東西沒有？」

昭公拿出了大屈弓。

啟疆見了，佯裝必躬必敬的樣子，向昭弓祝賀。

昭公怪問：「一隻弓，有什麼值得祝賀的？」

啟疆回答：「這弓可謂名揚天下，齊、晉、越三國都曾派人來索求，吾君都未答應。現在把這弓贈給君王，他們三國將向貴國索求。貴國應加強防禦，小心保護著。這還不值得祝賀嗎？」

昭公一聽，恭敬地說：「我不知道這是寶弓。若知道，怎敢接受！」

於是，把大屈弓還給楚王。

伍舉看到楚靈王竟然為了一張弓，不惜失信於人，出爾反爾，不禁暗自歎息：「主公將不能善終！以宮殿落成召諸侯，諸侯沒有來。好容易來了個魯昭公，卻捨不得一隻弓，而甘於失信於人。捨不得自己的東西，就必然向人索取；向人索取，必然積怨。這樣，離滅亡的日子就不遠了。」

楚靈王把送出去的東西又要回來，雖有失諸侯盟主的風範，但就啟疆來說，他的確運用了一個很好的計謀，巧妙地用寶弓的名氣與大國的實力，表面上恭維，實質上嚇唬魯昭公，達到自己的目的。

7 點到為止，見好就收

對付敵人，當然希望泰山壓頂，一舉全殲。但是，敵人若十分強大呢？以硬對硬，恐討不到便宜。而且，求人時，所要對付的不是敵人，而是朋友、友軍或需長期維持友好關係的顧客，更不能採取強硬的手段。怎麼辦？

俗話說：滴水可以穿石，柔竹能敵強風。在不能採用強硬手法的時候，不妨來個綿力相迎，以柔克剛。

李宗吾說：「非到無可奈何的時候，恐字不能輕用。」特別是與握有生殺大權的人相處，若用「恐」字，用不好可能丟掉性命，因為有權的人最怕人家揭他的短。

恐嚇是黑社會的拿手好戲。他們對權貴用威脅的方法進行控制，或暗殺，或綁架，無惡不作。

上海青幫勢力曾用此法對蔣介石進行「恐嚇」，就做到了點到為止，見好就收，不僅達成了目的，也沒有與蔣介石翻臉。

在當時的上海灘，青幫勢力雄厚，大凡名人顯要，一般都要與之疏通關係，向其交納保護費。這已成為慣例。否則，身家性命難保。

蔣介石曾一度加入青幫，與青幫關係密切。在他發動四一二政變時，青幫曾幫他打頭陣。後來他當了國民革命軍總司令，但幫中規矩不能破，也要按例交納保護費。

宋美齡與蔣介石結婚後，得知蔣介石竟要向青幫交保護費，大為不滿。她說他是總司令，向青幫交保護費，豈非貽笑大方。蔣認為她講得有道理，就決定不再交納保護費。

杜月笙很快知道了這件事，他決定「勸告」一下蔣介石的這位新夫人。

一天，一輛豪華的羅爾斯羅伊斯轎車駛到西摩路宋公館，汽車裡鑽出一個司機和一個漂亮的使女，說是要接宋美齡去見她的大姊宋靄齡。但宋美齡上車後，汽車卻駛入了杜公館。

蔣介石開完會議，來接宋美齡，宋美齡外出未歸。蔣介石一問事情的經過，就知事出有因。於是，他給宋子文打了個電話，讓宋子文查問一下。

宋子文聽完蔣介石的敘述，很快明白了是怎麼回事。他掛上電話，立刻撥了杜月笙的號碼。

杜月笙告訴他：「夫人安然無恙，不必擔心！我的手下發現夫人只由一個使女陪伴，在危險的上海街道開車。考慮到無時不有危險存在，為了她的安全，於是將她送到一所舒適的別墅。她得到了應有的禮遇。」

宋子文得知底細，立即向蔣介石做了彙報，然後親自駕車前往杜月笙的底邸，履行了「例行手續」，將宋美齡從「受照顧」的別墅領出。

這是杜月笙給宋美齡一點小小的顏色看，讓她知道上海是青幫的天下。並藉此警告蔣介石：你曾入過青幫，不要忘了祖宗。蔣介石也極力與杜月笙搞好關係，杜月笙更樂意找蔣介石這個大靠山。就這樣，這樁綁架事件圓滿解決了。

8 把對方捧上天，使他不答應就有損自尊心

還有一種「綿裡藏針」的方法，就是吹捧對方，極大地滿足其虛榮心。待對方飄飄然，再突然提出要求，並在話裡話外，使對方感到你在懷疑他的權威。他感到權威受到挑戰，必定盡全力證明給你看。如果他辦不到你所求的事，就有損他的自尊心。

行此法，必須：

第一，把對方美化為道德上的「完人」，使其面對道義上的事。

有一位母親在和人聊天時，談到自己中學生的小兒子。這兒子要求母親為他買一條牛仔褲。

但是，他怕遭到拒絕，因為他已經有了一條牛仔褲。於是，他運用了一種獨特的方式。他沒有像一般孩子那樣苦苦哀求，或撒潑耍賴，而是一本正經地對母親說：

「媽媽，你有沒有見過哪個孩子只有一條牛仔褲？」

這頗為天真又略帶計謀的問話，一下子打動了母親。事後，這位母親談起這事，

說到了當時自己的感受：「兒子的話讓我覺得，若不答應他的要求，簡直有點對不起他！哪怕在自己身上少花點，也不能太委屈了孩子！」

就是這樣一個未成年的孩子，竟能巧使舌鋒，說服了母親，滿足了自己的需要。在他提出要求時，為了打動母親，就從母子「道義上」刺激母親，讓她覺得他的要求合情合理，並不過分。

這種事例在日常生活中還有很多很多，也許當事人自己都沒有感覺到它有什麼特殊之處，但又確實是憑著示人以義，達到了辦事的目的。這時，人的自尊、名聲、榮譽、能力……等等，都可以作為求人的武器。

第二，把對方標榜為能力上的「超人」。那麼份內的小事，自然不在話下。

美國黑人富豪約翰遜決定在芝加哥為公司總部興建一座辦公大樓。但他出入多家銀行，始終沒貸到一筆款。於是他決定先上馬，後加鞭，設法湊集二百萬美元，聘請一位承包商，要他放手建造，他會想方設法，籌集餘下所需要的三百萬美元。

待所剩的錢僅夠再花一個星期時，約翰遜和大都會人壽保險公司的一個主管在紐約市一起吃晚飯。他拿出經常帶在身邊的一張藍圖，準備攤在桌上時，那保險公司主管對他說：「這兒我們不便談，明天到我的辦公室來。」

第二天，約翰遜如約而至。大都會公司應允他可以抵押借款時。他說：「好極了！不過，能否今天就給我貸款的承諾。」

「你一定在開玩笑！我們從來沒有在一天之內給過貸款的承諾。」保險公司主管回答。

約翰遜把椅子拉近，說：「你是這個部門的主管。也許你應該試試看你有無足夠的權力把這件事在一天之內辦妥？」

對方凝視著他，良久才歎息道：「你這是逼我上梁山。不過，我試試看吧！」

在此，遊說的關鍵是擊中對方的要害，使他就範。就這件事來說，要害是那位主管對他自身權力的尊嚴感。

9 以退為進，你的反措施將使對方難以承受

「以退為進」是軍事上的用語，指暫時退卻，日後伺機再進。求人時，為了自己的利益，有時要堅持，有時則要暫時中止；有時必須據理力爭、討價還價，有時又需暫時退卻——這種「退」，是為了伺機而進。

僅僅做到這一點，還只是一個一般的軍事家或謀略家，稱不上是厚黑大家。真正的厚黑大家必有更厲害的後招。他們會採取「恐嚇」的手段，虛張聲勢，讓你知道，你若不同意他的請求，他將採取的反措施，會給你帶來極大的損失，你有可能難以承受。「兩害相權取其輕」，你還是答應他為好。

美國一家大航空公司計劃在紐約興建一座航空站，要求愛迪生電力公司以低價優惠供應電力，但遭到婉言拒絕。愛迪生公司推託說，因公共服務委員會不批准，他們愛莫能助。談判陷入僵局。航空公司知道愛迪生公司自以為客戶多，電力供不應求，對接納航空公司這一新客戶興趣不濃。實際上，公共服務委員會並不能完全左右電力公司的業務來往。

航空公司意識到，再談下去也不會有什麼結果，於是索性不再續談，卻放出風聲，宣稱自建發電廠更划得來，決定不依靠電力公司供電。電力公司聽到這一消息，立刻改變態度，主動請求公共服務委員會出面說項，表示願意給予這個新用戶優惠價格；甚至考慮擴及這一類所有新用戶。結果，不僅航空公司以優惠價格與電力公司達成協定，從此以後，這類大量用電的客戶都享受到相同的待遇。

求人時，暫時的退卻是為了將來的進攻。這是常有的事。此時，可以找出對方自相矛盾的地方，設下一個圈套，一步一步誘他陷進去。

20世紀70年代，為了加快農業生產的步伐，有關部門花了10億元人民幣，從西方某國引進了三套化肥生產的大型設備，分裝在南京、廣州和安慶等地。在調試運行期間，安裝在南京棲霞山的一套設備，透平機轉子葉片竟發生三次斷裂。每次斷裂停機，就要損失45萬元之多。

分析原因時，對方專家認為只是偶發事故，企圖以小修小補蒙混過去，將經濟損失轉嫁給中方。但中方專家經過仔細測算，認為透平機轉子葉片三次斷裂，決非偶然，而是由於強度不足，即激振力係數不夠所致，出在設計問題。根據這一判斷，事故的責任完全在對方。對方不僅要更換設備，還應承擔由此造成的一切經濟損失。由於事件涉及的經濟價值數額巨大，雙方展開了一場冗長的談判。

中方派出西安交通大學的孟慶集教授擔任技術主談。談判過程中，對方技術主談總工程師為了說明他們產品設計的權威性，強調那是依據世界著名的透平權威、西德的特勞倍爾教授的理論進行設計的，絕不會出錯。

孟慶集教授聽到特勞倍爾這個名字，心裡一亮，但表面非常冷靜，只說：「我們贊同特勞倍爾教授的理論。它應當成為我們雙方共同接受的準則。」

因孟教授說這番話時心平氣和，並沒有引起對方的警覺。對方的技術主談認為中方在全局上贊同他的觀點，非常得意。

孟教授見狀，再強調一次：「當然，我們很尊重特勞倍爾教授的理論，更佩服他的才識。」

對方主談頻頻點頭。

孟教授見時機成熟，遂施出殺著：「既然你們的設計是依據特勞倍爾教授的理論，而特勞倍爾的理論又是我們雙方可以接受的共同基礎，那麼，教授在他的著作中一再談到『激振力係數很難取準，很難確定』，你們依據教授的理論所設計的轉子葉片的係數不是也很難取準，很難確定嗎？葉片三次斷裂，並不在同一部位，其原因已不言自明。」

10 危言聳聽，把芝麻粒大的問題無限擴大

厚黑求人之道中有一招「危言聳聽」，也屬於「摟草打兔子」——虛張聲勢。某些人在希望改變某一現實狀況時，往往喜歡引經據典，大造輿論，以引起他人關注這一狀況的危害及其後果的嚴重性，從而達到自己的目的。為此：

第一——由於大眾對這種「危言聳聽」的手法已司空見慣。所以，運用這一技巧時，必須以事實為根據，擁有絕對的權威性和明確的針對性。

香港地區，電視臺一個「莊生貝齒潔牙水」的廣告曾大造聲勢，強調僅僅靠刷牙，並不足以防止牙菌膜的產生。因為，刷完牙不久，牙菌膜就會形成；想用刷牙防止牙菌膜，必須24小時不停地刷，不然是不可能的。在指出一般人日常的刷牙習慣並不可靠之後，廣告才介紹它所推廣的「莊生貝齒潔牙水」，說這種水在刷牙後用於漱口，「使用一次，可維持12小時的殺菌效果。」這樣的廣告，先造成人們心理上的不安和憂慮，再以自己推薦的東西消除這種顧慮，確實極有影響力。

第二——在特定的話題上，帶著一定的感情，以可能性為依據，以假設為前提，甚至帶點誇張，故意把問題說得十分嚴重，將後果描繪得非常可怕，使對方驚心動魄。

下面是一位心理學家對一位企圖自殺者的勸告。他展示了種種自殺的結局，可算是危言聳聽，但又有理有據：

「你已決定孤注一擲，生命對於你已不再有吸引力。

「但自殺不一定能成功。有位25歲的青年，他試圖電死自己。然而他仍然活著，但兩條胳膊都沒有了。

「那麼，跳樓怎麼樣？去問問約翰。他曾是一個多麼聰明而富有幽默感的人。但這都是他跳樓以前的事了。如今，他的腦子受了損傷，拄著拐杖，舉步艱難，永遠需要別人的照顧。最糟糕的是，他還明白他曾是一個正常的人。

「吃安眠藥呢？看看那個12歲的孩子，他就是因此而得了嚴重的肝病。你見過嚴重的肝病患者嗎？你會在全身慢慢變黃中死去，這條路實在太痛苦了！」

「沒有萬無一失的方法。你想用槍嗎？那位24歲的青年人朝自己的腦袋開了一槍。現在他拖著一條腿和一支沒用的胳臂，並且喪失了半邊視覺和聽覺。

「設想一下，一個電影明星在吞服了過量的安眠藥之後，死是死了，但她的肌肉變得僵硬，最後，全部的美都化作塵埃。

「誰從地板上擦去你留下的血跡，刮掉你留下的腦漿？誰把你從吊繩上解下來？誰從河裡撈起你腫脹的屍體？你的媽媽？你的妻子？還是你的兒子？這種差事，即使職業清潔工也會拒絕。但總得有人去做。

「你那封精心措辭，愛意切切的訣別書是沒有用的。那些愛你的人永遠也不會從這件悲痛的事情中解脫出來。他們會懊惱，陷入無邊的痛苦⋯⋯

「自殺是一種傳染病⋯⋯你5歲的兒子正在地毯上玩他的小汽車。如果你今晚殺死了你自己，十年後他就可能幹同樣的事。事實上，自殺將導致家庭其他人的自殺。孩子們在這方面尤其脆弱，更容易受到傷害。

「你必然有其他選擇。總會有人在危險中給你幫助。打一個電話，找找朋友，看看醫生，或者去找神父、佛教禪師⋯⋯

「他們會告訴你，生活中還是充滿希望。這希望之光也許來自明天的一封信、周末的一個電話，或是在某家商店裡相遇的好心人。你不知道它來自何處——沒有人知道！但你所期待的可能就在一分鐘、一天或一個月後突然到來。

「你仍舊堅持要幹這件蠢事嗎？一定要幹嗎？那好吧！我們不久就會在精神病院的監護室裡與你相見。那時我們必須照料你所剩下的一切，依然要幹所有你再也幹不了的事。」

這一席危言聳聽的話語，使那位企圖自殺的人在驚呆之後，終於醒悟，放棄了自殺的念頭。

第三——欲行「危言聳聽」，僅以事實為依據，以情感為襯托，還遠遠不夠，最關鍵的是它所帶來的後果必須直接危及對方的利益。這樣才能達成「恐嚇」的效果。

戰國時代，范雎晉見秦昭王，以一篇披肝瀝膽的言辭，博得昭王的歡心。其後，他獻上「遠交近攻」的方略，一天比一天受到昭王的信任。到此時，他才尋機向昭王陳述了一通「四貴」危國，已對昭王的皇權造成極大威脅的道理。

他進言道：「臣住在函谷關以東的時候，聽說齊國有田文，沒聽說他們有君王。也聽說秦國有太后、穰侯、華陽君、高陵君、涇陽君，沒聽說他們有秦王。能夠總攬國家政權的，才可稱為君王；能夠掌握利害權柄的人，才可稱為君王；能夠控制生死權威的人，才可稱為君王。現在太后擅自行政，根本不顧忌您；穰侯派遣使者出國，根本不向您報告；華陽君、涇陽君用刑處罰罪犯，根本不畏懼您；高陵君要任用人、貶退人，根本不向您請示。國家有權柄怎能不傾覆，國家的命令怎能由君王親自發出？臣聽說，善於治理國家的君王，在內要鞏固自己的威望，在外要加重自己的大權。穰侯的使者帶著君王的重威，在諸侯之間發號施令，在天下割地封臣，派兵征討敵人，攻打各國，沒有人敢不聽命。如果打勝仗，攻下某個地方，那利益就完全屬於他們，使諸侯各國都疲弊破敗；打了敗仗，就會引起國內百姓的怨恨，使國家蒙受禍害。崔杼、淖齒二人獨攬齊國大權，結果崔杼射傷了莊公的大腿，淖齒抽掉了國王的筋，把他掛在宗廟的棟梁上，國王立刻就死了。李兌獨攬趙國大權，把趙武靈王囚禁在沙丘一百天，他就餓死了。現在臣聽說秦國太后、穰侯獨攬政權，高陵君、華陽君、涇陽君三人從旁協助他們，根本不把大王您放在眼裡。這就像淖齒、李兌一樣的情形呀！齊、趙兩君身死的原因，就在於他們把政權全交給臣下，自己整天縱酒作樂，騎馬馳騁，到各處打獵，不過問政事。他授權的人，嫉妒賢才，控制下屬，欺蒙君上，以謀取個人的私利，一點都不為主上打算，他卻不覺悟，因此就丟掉了他的國家。現在從最小的官爵算起，一直到高官，以及大王左右的內侍，沒有一個不是相國的人。看到大王在朝廷裡孤立無援，臣不禁暗自為大王害怕，恐怕千秋萬世以後，擁有秦國的人不再是大王的子孫呀！」

昭王聽後，惶恐地說：「對！」於是，他隨即廢除了太后的權柄，把穰侯、高陵君、華陽君、涇陽君都放逐到關外。

最後，范睢終於得到夢寐以求的相位。

值得注意的是，「危言聳聽」不可濫用。它的有效範圍是具有現實緊迫性，但尚未被人所注意的重大問題，以免運用時，被視為誇大其辭，嘩眾取寵。

運用「虛張聲勢」，也可以用「先發制人」之法。君不見，日常生活中，常常看到商店裡掛出顯眼的招牌，或是推銷員告訴買主，其所售商品「存貨不多，欲購者從速」，或是宣稱某類商品不久將會漲價，等等。當今社會，廣告宣傳形形色色，充斥於報刊雜誌、廣播電視、大街小巷，究其目的，只有一個，即通過各種方式和途徑，為自己的商品揚名，為自己的銷售造勢。

求人時，有經驗的人為了實現自己的目的，也常常會通過各種渠道，採用各種方式，表現自己的實力，壯大自己的聲威，以造成聲勢逼人的影響。

11 以緩求達，拖不起者就得認輸

厚黑求人者必定深深懂得「欲速則不達」的道理。因此，他們會主動運用「拖延」戰術。

美國參議員愛蘭德爾辯才超群，口若懸河，卻滿腦子頑固的種族偏見。

一九三三年，美國一批主張種族平等的參議員向議會提交了「私刑拷打黑人的案件歸聯邦法院審判」的議案，得到大部分議員的贊同，通過勢在必然。但愛蘭德爾還是決心阻止它。

第二天，他登上參議院的講壇，高談闊論，滔滔不絕，天南海北、上下古今，無所不及。這一「侃」就是整整5天。據一位細心的記者統計：他在講臺前踱步75公里；為使演講生動有力，共做了一萬多個手勢；演講期間，吃了三百個夾肉麵包，喝了四十公斤清涼飲料。

連續5天的演說，疲勞轟炸，消解了贊同議案者參與的熱情，大家都感到很疲倦。結果，「私刑拷打黑人的案件歸聯邦法院審判」的議案被束諸高閣，未能通過。

國外談判專家曾做過多種實驗，結果表明，談判者在商務談判或其它交往中，如果使用吹毛求疵的技巧，向對手要求越多，得到的也就越多；要求越高，結果就愈好。所以不少人都樂於使用這種技巧和策略，先是對產品、規格、價錢等再三挑剔，接著提出一大堆問題和要求，迫使對手降低標準，做出讓步。厚黑求人者也很善用這一招，而且運用得更妙。他們不但「吹毛求疵」，還「得寸進尺」，從心理上向對手施壓，讓對方產生「趕緊結束這種精神蹂躪」的想法。

一位叫庫恩的人到一家商店買冰箱。營業員問明他所要的規格，告訴他，這種冰箱每台四百八十九美元。

庫恩走過去，這兒瞧瞧，那兒摸摸，然後對營業員說：「這冰箱外表不光滑，還有點小瑕疵。你看這兒，這點小瑕疵好像是個小割痕。有瑕疵的貨物，通常不是要打點折扣嗎？」這是從商品的外表上挑剔。

接著，他問營業員：「這種型號的冰箱一共有幾種顏色？可以看看樣品嗎？」

營業員馬上為他拿來了樣品本。

庫恩指著店裡現時沒有的那種顏色的冰箱說：「這種顏色與我的廚房正好相配，其它顏色都不協調。顏色不好，價格還那麼高，要是不調整一下，我只好到別家試試看了。我想，別家商店可能有我需要的顏色。」這是從商品的顏色上挑剔。

過了一會兒，庫恩打開冰箱，祥祥細細看了裡面的結構之後，問道：「這冰箱附有製冰器嗎？」

營業員回答：「是的，這製冰器一天24小時都可為你製造冰塊，每小時只需二分錢的電費。」

庫恩一聽，卻做出懊惱的樣子：「這太糟了！我的孩子有慢性喉頭炎，醫生說絕對不能吃冰，絕對不行！你可以幫助我把這個製冰器拆下來嗎？」營業員回答：「製冰器是無法拆下來的，它是冰箱的一個組成部分。」庫恩說：「我知道……但這個製冰器對我根本沒用，卻要我付錢，這太不合算了。價格不能便宜點嗎？」這是從商品設計上挑剔。

庫恩在購買冰箱的過程中再三挑剔，近乎不合情理，但他指出的毛病又在情理之中，賣主只好耐心地解釋。談判的結果，由於庫恩的一再挑剔，營業員只好將冰箱的價格一降再降。

當然，運用「吹毛求疵」策略必須注意，不能一味地節外生枝，以免對方停止談判。也就是說，必須掌握「尺度」，以適度的挑剔向對方施壓。

環境和氛圍的重要性在浴血戰場、體育競技和求人辦事上都表現得極為突出。厚黑求人者在運用「你煩我不煩」策略時，對於巧妙地選擇和運用外部環境十分重視。

日本的鋼鐵和煤炭資源短缺，而澳大利亞的鋼鐵和煤炭資源都很豐富。日本渴望購買澳大利亞的鋼和煤，而澳大利亞在國際貿易中卻不愁找不著買主。按道理，雙方較量，澳大利亞居於主動地位。但是，由於日本人採取妙用環境的技巧和方法，反使澳大利亞商人敗倒在日本商人腳下。

日本人深知澳大利亞人過慣了富裕和舒適的生活，對日本的生活環境很不適應。而且，澳大利亞人一般都比較謹慎，講究禮儀，不至於過分侵犯東道主的權益。有鑒於此，日本人有意識地把澳大利亞的談判者請到日本談生意。結果，澳大利亞人一到日本，就顯出急躁的情緒，剛過幾天，就急著想要回到故鄉別墅的游泳池、海濱和妻兒身邊。身為東道主的日本談判代表則沈著應戰，不慌不忙地討價還價。

在談判過程中，日本方面完全掌握了主動權，雙方在談判桌上的相互地位發生了明顯的變化。最後，日本方面僅僅花費了少量款項做誘餌，就「釣」到了「大魚」，取得了按常規難以取得的利益。

在埃及和以色列關於西奈半島爭端的談判中，美國當時的總統卡特為了使中東和平談判能夠早日成功，有意將談判地點選擇在大衛營。大衛營是一個什麼所在呢？它環境糟糕，生活單調、枯燥，令人厭倦。最刺激的活動就是撿撿松果，聞聞松香。卡特為了促成這次中東和談，惟一的娛樂工具是他安排的兩輛自行車，供14個人使用。

每天晚上住在那裡的埃及總統沙達特和以色列總統比金，可以在總共三部電影中任選一部觀賞，作為調劑。

到了第六天，每個人都已把每部電影看過兩次。每天早上八點鐘，卡特都會去敲沙達特和比金的門，並用他那單調的聲音說：「我是吉米．卡特。你們已準備再過內容同樣無聊、令人厭倦的十小時了嗎？」過這樣的生活，只要簽約不至於影響自己的前途，誰想立即簽字，好離開這鬼地方。

卡特一番良苦的用心，終於換來了中東和平談判的圓滿成功——以色列歸還埃及的西奈半島，埃及將它劃為非軍事區。

12 對方絕不會讓「丟面子」的事繼續下去

人都有自尊心，好面子。對厚黑求人者來說，這就是弱點。抓住這個弱點，就可脅迫他人答應你的要求。

漢代大辭賦家司馬相如以文才聞名海內。某一年，他外遊歸川，路過臨邛。臨邛縣令久仰他的聲名，恭請他至縣衙，連日宴飲，寫賦作文，好不熱鬧。

此事驚動了當地富豪卓王孫。卓王孫原是趙人，秦始皇行移民政策時遷來臨邛，以冶鐵致富，家資萬金，奴僕千人。聽說來了個才子司馬相如，他也相結識一下，以附庸風雅。但他因擺脫不了商人的庸俗習氣，故而實為宴請司馬相如，名義上卻是以縣令王吉為主客，讓司馬相如作陪。司馬相如看不起這班無才暴富之人，壓根兒沒準備去「陪宴」。

到了約定日期，卓王孫盡其所能，大排宴席。縣令王吉因平日依仗卓王孫的錢財之事甚多，所以早早就到了。但時辰早過，司馬相如卻沒有來。卓王孫急如熱鍋上的螞蟻。王吉只好親自去請。駁不過王吉的面子，司馬相如只好來到卓府。卓王孫一見他的穿戴，心中生出輕蔑之意，心想：自己是要臉面之人，請來的卻是這樣一個放蕩無禮之輩。

司馬相如全然不顧這些，大吃大嚼，只顧與王吉談笑，把卓王孫晾在一邊。

忽然，內室傳來淒婉的琴聲，頗為不俗。

司馬相如一下子停止了說笑，側耳細聽。

卓王孫原被冷落，訕訕地毫無意，今見琴聲引住了這位狂士，於是誇耀地賣弄說，那是他守寡的女兒卓文君所奏。司馬相如已痴迷在那裡，忙請求讓卓文君出來相見。卓王孫經不住王吉攛掇，叫人喚出卓文君。

見到卓文君，司馬相如兩眼直勾勾愣在那裡。他萬萬沒想到那俗不可耐的卓王孫竟有這般美麗高雅的女兒。於是，他要過琴來，彈了一曲《鳳求凰》，向卓文君表達愛意。卓文君也愛慕司馬相如的相貌和才華，當夜私奔到司馬相如的住處，以身相許。經過商量，兩人一起逃回成都。

卓王孫聞知此事，氣得暴跳如雷，大罵女兒不守禮教，司馬相如衣冠禽獸，發誓不准他們進入家門。

卓文君隨司馬相如回到成都後才知道，他的夫君雖然名聲在外，家中卻很貧寒。萬般無奈，他們只好返回臨邛，硬著頭皮，托人向卓王孫請求一些資助。

不料，卓王孫破口大罵：「我不治死這個沒出息的丫頭就算便宜她了，還想要我接濟！一個子兒也不給！」

夫婦倆都有「才」，很快想出一記「絕招」。

第二天，司馬相如把自己僅有的車、馬、琴、劍及卓文君的首飾賣了一筆錢，在距卓府不遠的地方租了一間屋子，開了一爿小酒鋪。

司馬相如穿上夥計的衣服，捲起袖子和褲腿，像酒保一樣，又是擦桌椅，又是搬物件；卓文君穿著粗布衣裙，忙裡忙外，招待來客。

酒店剛開張，就吸引了許多人來。這倒不是因為她們賣的酒菜價廉物美，大多數人是前來看看這兩位遠近聞名的落難夫婦。司馬相如夫婦一點也不感到難堪，內心倒很高興。因為這正好給那個頑固不化的老爺子「現現眼」。

很快，臨邛城裡人人都在議論這件事。

卓王孫畢竟是一位有身分、有臉面的人物，十分顧忌風言議論，居然一連幾天都沒有出門。

有幾個朋友趁勢勸他：「令嬡既然願意嫁給司馬相如，就隨她去吧！再說，司馬相如畢竟當過官，還是縣令的朋友，儘管現在貧寒，但憑他的才華，將來一定有出頭的日子。你應該接濟他們一些錢財，何必與他們為難呢？」

卓王孫氣撅了鬍子，卻萬般無奈，只好分給卓文君夫婦僕人百名，錢財百萬。司馬相如夫婦大喜，帶上僕人和錢財，回成都生活去了。

司馬相如與卓文君的求人戰術，正合了厚黑求人的精髓。套用一句老百姓的俗話，這叫「死豬不怕開水燙」：我已經走投無路，還要那面皮做啥？要丟人現眼，索性一塊兒丟了吧！看誰的「面子」能撐到最後。

ch.6

懂得人際關係的運用，就能成功

所謂交換條件，可以是物質，也可以不是。你的某種能力，對方認為很需要，這就是交換條件；你的近親某甲是個有地位的人，對方若認為用得著他，他就是交換條件；你的活動能力特別高明，對方認為你的前途大有希望，這也是你的交換條件。互相利用，是市儈之交，不齒於學士文人之口。但是，在《厚黑學》看來，人與人之間的關係原本如此。

1 捨不得孩子，套不住狼

以「送」的方法求人，首先必須「敢送」。

正如常言所說：「捨不得孩子，套不住狼。」送禮時若斤斤計較，患得患失，還不如不「送」。因為那樣既達不到目的，還會被人小看。

「敢送」，主要體現在以下三個方面：

第一，敢於全方位滿足對方的需求。

經受了市場經濟考驗的商人最懂得這個道理。

詹森是一位傑出的企業家，他的投資範圍十分廣泛，包括旅館、戲院、工廠、自動洗衣店等等。出於某種考慮，他還計劃投資雜誌出版業。

經他人介紹，他看中了雜誌出版家魯賓遜。魯賓遜是出版業的大紅人，很多出版商都爭相羅致，但始終無法如願。如何才能把魯賓遜負責的雜誌弄到手，並將他本人網羅到自己旗下呢？

經過一兩次餐會，雙方有了初步的瞭解。詹森決定不惜重金，進行說服。事先，他經過調查和觀察，知道魯賓遜本人恃才自傲，很瞧不起外行人。但是，另一方面，魯賓遜現在已是子孫滿堂，對於獨力操持高度冒險的事業已經沒有當初的興趣，整日泡在辦公室處理日常瑣事，他早已深感厭倦。

針對魯賓遜的性格和心理狀態，詹森開門見山，承認自己對出版業一竅不通，需要借重有才幹的人。接著，他把一張二萬五千萬元的支票放在桌子上，對魯賓遜說：「除這點錢外，我們還會給你應得的股份和長期的利益。」為了解決魯賓遜公務上的煩惱，他指著幾位部屬說：「這些人都歸你使用，主要是為了幫助你處理辦公室的繁瑣事務，讓你從中解脫出來。」

魯賓遜要求所有經濟實惠以現金支付，不要股票。詹森耐心地告訴他股票在過去幾年中如何漲價，利益如何可觀，利息如何大等等，還強調，公司會提供他長期的安全福利。

對魯賓遜來說，這些條件不僅滿足了他的迫切需要，即他的出版業有了擴展業務的財力保證，破產的危險大為減少，而且滿足了他的根本需要，即可以擺脫繁瑣的事務，專心於出版業務的發展。於是，他同意將他的雜誌轉手給詹森，並投到詹森旗下。雙方簽訂了5年的合約，內容包括：付給魯賓遜4萬元現金，其它紅利以股票的形式支付等等。

第二，敢送非同一般的禮物。

詹森的「送」出手很大方，他的所為也「正大光明」。奉行《厚黑學》的人為了達到目的，在「送」的方面卻可能做出「正人君子」不屑為之事。

豎刁是春秋時期齊國人。他少年時進宮伺候齊桓公，深得桓公的寵愛，後來卻成為亂政禍國的奸臣。

豎刁出身貧寒。入宮之後，他極力設法，進內廷做近侍。可是，宮廷之路深似海，難以急成。於是，他由廷做起，時時小心，處處謹慎。因他天資聰穎，手腳伶俐，漸漸受到桓公的注意，不久就把他調為近侍。在桓公身邊，他處處留心，觀察桓公的生活習性和內心活動。不久，他就把桓公的各種嗜好摸得一清二楚。於是，他事事投其好，足其欲，迎其歡，使桓公大感滿意，常在眾人面前誇讚他。天長日久，他就成了桓公日常生活中不可須臾離的人了。

他深知桓公有兩大嗜好：一是喜食美味、奇味；二是好女色。於是，他著力從這兩方面下手，以取悅桓公。

宮中有一個叫易牙的人，為人奸詐，精於烹調之技。豎刁就設法與他結為朋友。

易牙也深羨豎刁顯赫之勢。不久，兩人遂成莫逆之交。

有一天，豎刁向桓公舉薦易牙。桓公聽說易牙擅長烹調，就隨口問道：「我對人間的鳥、獸、蟲、魚都吃膩了，只是沒吃過人肉，不知人肉味道如何？」這本是一句戲言，但言者無心，聞者有意，易牙把這件事牢記心裡，總想著怎麼才能給桓公做頓人肉宴，以博得桓公的賞識。思來想去，他忽然眼前一亮：用自己的兒子，不正好嗎！幾天後的一次午膳上，桓公吃到了一盤嫩如乳羊，鮮美無比的菜。待他知道這是易牙之子的肉，雖然感到噁心，但又覺得：易牙殺子是為了自己，可見他愛我勝於愛他的親骨肉啊！此後，桓公不僅寵信易牙，對豎刁更是因寵有加。

大夫開方也是豎刁的好朋友。為了得到美女，豎刁就和開方計議，要把衛懿公的女兒薦給桓公。果然，桓公得到這個美女之後，非常高興。

豎刁就是通過這些手段，博得桓公的寵信，身價日增。

第三，敢送，就不怕別人背後怎麼看，任由世人去說。

閻錫山為了依附袁世凱，取得袁的好感和信任，曾經使用多種手段，低三下四地向袁世凱邀寵。

當時，袁世凱對擔任都督的各省革命黨人很不放心，對掛著同盟會會員之頭銜，在戰略要地山西任都督的閻錫山也極為疑忌。他打算把閻調到黑龍江省任都督。閻錫山得知這一消息，馬上派親信趕往北京，賄賂袁的親信、總統府祕書梁士詒，託梁向袁轉達自己的忠誠恭順之意，以清除袁世凱對他的猜忌，打消了袁調任他的念頭。

閻錫山為了實際行動向袁表示誠意，迎合袁欲消滅革命黨人的心理，還向袁誣陷山西河東的革命志士李鳴鳳、張士秀等人圖謀反叛，請袁派兵到河東討伐。袁世凱派趙倜率軍到河東逮捕李、張之後，閻錫山又薦請袁的把兄弟董崇仁任晉南鎮守使，並請任與袁氏家族有親戚關係的陳標為山西民政長。

更有甚者，閻錫山竟將其生父閻書堂和繼母送往北京長住，名義上是讓父母到都城開開眼界，實際上是作為人質，以解除袁世凱的懷疑，博取袁的信任。這種以父母為人質的做法，在中國歷史上實屬罕見。

閻錫山為了「附袁固位」，不惜採取極為卑鄙的手段，竟至於一年三節兩壽，必送袁汾酒幾百罈。對袁的御用「公民黨」竭力贊助等事例，就更不需說了。

經過多年努力，直到有人告訴他，袁世凱的兒子袁克定說了「閻錫山腦後沒有反骨，所以令他執掌山西軍政」的話之後，一顆顫抖的心才算安定下來。

2 不做虧本生意，划得來才「送」

求人辦事，「送」的重要性無庸諱言的。但是，求人畢竟是為了交換，送了東西，若得不到回報，就沒有意義了。因此，送之前，一定要掂量好「值不值得」、「划不划得來」。這種「划得來」，體現在三個方面：

第一，在眼前的利益上「划得來」。

《金瓶梅》中的應伯爵在西門慶死去之後的表現，就充分說明了這一點。

西門慶一死，使應伯爵頓時失去了靠山和衣食父母。震驚悲傷之餘，他急急約了十兄弟中還活著的七個前去祭奠，提出每人各出一錢銀子。他給他們算了一筆細帳，證明這樣送禮，其實並不吃虧，讓大家不要因為花一錢銀子而捨不得：「眾人祭奠了，咱還便宜：又討了他值七分銀一條孝絹，拿到家做裙腰子；他莫不白放咱出來，咱還吃他一陣；到明日，出殯山頭，饒飽餐一頓，每人還得他半張靠山桌面，來家與老婆孩子吃著，兩三日省了買燒餅錢。」

他們請水秀才代作的那篇祭文，堪稱是古今難得的妙文，活靈活現地畫出了這批幫閒人物的種種醜態：「受恩小子，常在胯下隨幫。也曾在章台而宿柳，也曾在謝館而倡狂。正宜撐頭活腦，久戰熬場；胡何一疾，不起之殃？見今你便伸著腳子去了，丟了小子輩，如斑鳩跌彈，倚靠何方？難上他煙花之寨，難靠他八字紅牆；再不得同席而偎軟玉，再不得並馬而傍溫香。撇的人垂頭跌腳，閃得人囊溫郎當。」

身為幫閒，應伯爵不能沒有個主子作依靠。因此，西門慶屍骨未寒，他就急於另攀高枝，去投奔張二官了。為討好張二官，取得這新主子的信任和歡心，他不惜出賣舊主人的利益，幹盡忘恩負義的事。他先是積極地將李嬌兒介紹給張二官作二房娘子，此後更無日不在張二官那邊趨奉，把西門慶家大小之事都告訴他：「他家中還有第五個娘子潘金蓮，排行六姐，生的極標致，上畫兒般人材。詩詞歌賦，諸子百家，拆牌道字，雙陸象棋，無不通曉；又會識字，一筆好寫；彈一手好琵琶。今年不上三十歲，比唱的還喬。」

說得這張二官心中大動，巴不得就要了她。應伯爵為討好張二官，又一口答應：「我只叫來爵兒密密打聽，但有嫁人的風縫兒，憑我甜言美語打動春心，你卻用幾百兩銀子，娶到家中，盡你受用便了。」往昔西門慶對他的種種情義，早已拋至九霄雲外。為了取得新主子的信賴，他竟對西門慶一家絕情絕義到如此地步！

第二，在長期的利益上「划得來」。

公元前一九七年9月，擔任漢朝趙國代郡邊防部隊監軍的陽夏侯起兵造反，自封代王，派兵攻打代郡。

劉邦得報，親自帶兵前去討伐。到了趙國都城邯鄲，他問趙相周昌：「趙國有能當將軍的壯士嗎？」周昌回答：「有四個。」劉邦讓周昌把這四個人叫來，劈頭就問：「你們這樣子能當將軍嗎？」四個人猛一聽，都慚愧得趴在地上，不敢抬頭。劉邦卻說：「好吧！你們既然來了，就讓你們當個將軍吧！另外，封給你們每人一千戶，你們可以享受這一千戶的賦稅。」四個人喜出望外，連連拜謝。

左右的人不明白他為什麼這樣做，都勸阻道：「跟著您進巴蜀、漢中，又跟著您消滅項羽的人並沒有都得封賞，這幾個人什麼功勞也沒有，幹嘛封他們？」他說：「你們懂什麼！陽夏侯造反，邯鄲以北的地方全被他占了！我發布緊急命令，要天下諸侯出兵，至今一個也沒有來，我只能用邯鄲的兵力去作戰了。封了這四個人，趙國的青壯年都會高興，願意為我出力，我又何必吝嗇這四千戶呢？」眾人一聽，齊聲讚道：「真英明！」

劉邦又問：「陽夏侯手下的將軍是些什麼人？」周昌回答：「原來都是商人？」劉邦滿有把握地說：「我知道該怎麼對付他們了。」隨即派人拿著黃金財物，悄悄送給這些人。許多叛將得了財物後，都投降了劉邦。劉邦又派人向陽夏侯的部下將士宣布：有殺死或活捉大將王黃或曼丘臣的，賞黃金一千斤。

前一九六年11月，漢軍發動全面進攻。叛軍招架不住，節節敗退。在這節骨眼上，王黃、曼丘臣終被他們手下的將士活捉，獻給漢軍。其後不久，叛亂就被徹底平定了。

第三，雙方結成利益同盟，造成雙贏的局面，在未來的利益上共同「划得來」。

馬克斯－斯賓塞公司，從名字可以看出，公司的創始人是兩個人，一個叫馬克斯，另一個叫斯賓塞。

出生在波蘭一個貧苦家庭的馬克斯是猶太人。他的母親因難產，很早就離開人間，他是由姊姊撫養長大。19歲時，他已成為一名強壯的青年。強烈的責任感使他感到自己不能再依靠家人生活。於是，一八八四年，他隻身闖入英國碰運氣。

到達英格蘭北部的里茲市時，他已身無分文，加之語言不通，其艱辛可想而知。值得慶幸的是，里茲市聚集了很多猶太人，他們很樂意接濟新來的本族人。猶太富商杜赫斯特專做批發百貨的生意，他覺得馬克斯為人忠厚，卻因不懂英語，很難找到職業，便主動借給他5英鎊，要他做點小買賣維持生活。

要知道，5英鎊在當時可不是個小數目。馬克斯得到這筆「鉅款」後欣喜若狂，決定大幹一番。由於語言不通，他在售貨時不好討價還價，所以，他出售的貨物清一色標價1便士，並打出招牌：「不要問錢，每件1便士。」果然，很多顧客來光顧這個設在露天的攤位。他的售貨原則與別人不同：別人總希望早點把貨物賣掉，他卻總是收集各種好貨色放在攤位上，爾後以同樣的價格出售，且用開架式的陳列方式，讓顧客任意挑選。

兩年後，馬克斯的生意已有了一定的發展。他沒有陶醉，而是立即抓住機會，把「便士市集」開到約克郡和蘭開夏，並聘請一批女孩子當售貨員，他自己則奔跑於各地。由於業務發展太快，他越來越感到資金與能力均不足以應付向前發展的形勢。

經過冷靜思考，馬克斯當機立斷，決定要求批發商杜赫斯特與自己合股，以進一步擴大業務。這時，他所欠的5英鎊早已還清，所以對方也就不是債權人了。

但杜赫斯特無意去做零售商，只把自己的理帳員斯賓塞介紹給馬克斯。斯賓塞投入五百英鎊，成為「便士市集」的合夥人。

斯賓基是土生土長的英國人，有經營頭腦。在他的策劃下，「便士市集」發展得更快。到一九〇三年時，「便士市集」已發展到36張，商店打出的「馬克斯－斯賓塞」招牌也已小有名氣，並在倫敦開設了一家百貨商店。

此後經過一番波折，馬克斯的獨生子西蒙成為「馬克斯——斯賓塞」公司的董事局主席。一九二六年，公司再次面臨起步時的難題：西蒙從美國考察歸來，準備大展宏圖，計劃通過集資的辦法開設新店，並擴大倫敦總店的鋪面。其他董事卻一致反對。理由是：不宜發展過急。西蒙對此感到孤立無援，一籌莫展。

恰在這時，西蒙的妹夫伊斯利加入董事局任董事。他原本直協助父親經商，非常同情西蒙的處境。為了朋友和家族的利益，他表明願意辭去原來的工作，到倫敦與西蒙聯手發展。

西蒙自然喜出望外，當即決定委任妹夫為董事局副主席兼總經理。兩人同在一間辦公室辦公。兩人合作之後，伊斯利大力支持西蒙的擴張計畫，一口氣增設了三家分店。此後，「馬克斯——斯賓塞」公司更是一發不可收。成為英國最大的零售業，年營業額達2.4億英鎊。可以看出，「馬克斯——斯賓塞」公司的兩次飛躍，均得益於及時與別人「聯手」，使公司的力量不斷壯大，飛快發展。

3 「送」要引而不發，不急於表明企圖

儘管厚黑之士把人與人之間的往來視為一種利益交換關係，但求人畢竟有別於市場的交易，不能太直來直去。《孫子兵法》曰：「先知迂直之計者勝。」曲中有直，直中有曲，這是辯證法的真諦。因此，運用「送」的方法求人辦事，也必須懂得「引而不發」和「以迂為直」的道理。

赤壁之戰後，劉備定下奪取西川的方針，視之為基本戰略目標。但「蜀道之難，難於上青天」。欲取西川，必須先獲取西川地理圖本，以詳細瞭解西川的複雜地形。

恰在此時，益州別駕張松來訪。張松是奉劉璋之命，攜帶金珠錦綺作為進獻之物，前往許都聯結曹操，共治張魯。行前張松隨身暗藏畫好的西川地理圖本，準備到許都之後，伺機而行，「獻西川州郡與曹操。」

張松的行蹤，諸葛亮早使人隨時打聽著。沒想到他到許昌之後，曹操表現出一副驕橫傲慢的樣子，對他的遊說，反應十分冷淡。一氣之下，他挾圖離開了許昌。可是，他離開益州時，曾在劉璋面前誇過海口。這次若無功而返，空手而歸，恐怕難免

被人取笑。他突然一想：早就聽說荊州的劉備仁高義厚，美名遠播。我何不繞道走一趟荊州，看看劉備究竟是何等人物，然後再作定奪。於是，他改道來到荊州。

張松並非等閒之輩，想讓他心甘情願地獻出西川地圖絕非易事。劉備和諸葛亮為了得到這張地圖，可謂煞費苦心，其運用引而不發，欲揚故抑的策略也確實達到了出神入化的地步。《三國演義》第六十回生動而形象地描寫了這場「戲」。

張松乘馬引僕從望荊州界上而來。前至郢州界口，忽見一隊軍馬，約有五百餘騎，為首一員大將，輕妝軟扮，勒馬前問曰：「來者莫非張別駕乎？」松曰：「然也。」那將慌忙下馬，曰：「趙雲等候多時。」松下馬答禮曰：「莫非常山趙子龍乎？」雲曰：「然也。某奉主公劉玄德之命，為大夫遠涉路途，勒馬驅馳，特命趙雲聊奉酒食。」言罷，軍士跪奉酒食，雲敬進之。松自思曰：「人言劉玄德寬仁愛客，今果如此。」遂與趙雲飲了數杯，上馬同行，來到荊州界首，是日天晚，前到館驛，見驛門外百餘人侍立，擊鼓相接。一將於馬前施禮曰：「奉兄長將令，為大夫遠涉風塵，令關某灑掃驛庭，以待歇宿。」松下馬，與雲長、趙雲同入館舍，講禮敘坐。須臾，排上酒筵，二人慇懃相勸。飲至更闌，方始罷席，宿了一宵。

次日早膳畢，上馬行不到三、五里，只見一簇人馬到。乃是玄德引著伏龍、鳳雛，親自來接。遙見張松，早先下馬等候。松亦慌忙下馬相見。玄德曰：「久聞大夫高名，如雷灌耳。恨雲山迢遠，不得聽教。倘蒙不棄，到荒州暫歇片時，以敘渴仰之思，實為萬幸！」松遂上馬並轡入城。至府堂上各各敘禮，分賓主依次而坐，設宴款待。飲酒間，玄德只說閒話，並不提起西川之事。松以言挑之曰：「今皇叔守荊州，還有幾郡？」孔明答曰：「荊州乃暫借東吳的，每每使人取討。今我主因是東吳女婿，故權且在此安身。」松曰：「東吳據六郡八十一州，民強國富，猶且不足耶？」龐統曰：「吾主漢朝皇叔，反不能占據州郡；其他皆漢之蟊賊，卻都恃強侵占地土；惟智者不平焉。」玄德曰：「二公休言。吾有何德，敢多望乎？」松曰：「不然。明公乃漢室宗親，仁義充塞乎四海。休道占據州郡，便代正統而居帝位，亦非分外。」玄德拱手謝曰：「公言太過，備何敢當！」

自此一連留張松飲宴三日，並不提起川中之事。張松告辭，準備返回益州。劉備在十里長亭設宴送行。劉備舉酒壺，親自為張松斟酒，嘴裡說道：「承蒙張大夫不見外，故能留住三天。今日一別，不知何時方得賜教。」說完不覺潸然落淚。張松暗地尋思：「劉備如此寬仁愛士，實在難得！我也有些不忍捨他而去，不如勸他領兵攻打西川。」於是說道：「我也朝思暮想，在鞍前馬後侍候，只是未得其便。據我看來，皇叔現在雖據有荊州，但南面孫權虎視眈眈，北面的曹操又常有鯨吞之意，恐怕不是久居之地呀？」劉備回稱：「我也知道形勢嚴峻，但苦於再無別的安身之所啊！」張松又說：「益州地域，地理險塞，沃野千里，乃天府之國。凡有才幹的智士仁人，很早就仰慕皇叔的功德。倘若皇叔願意率荊州之眾，直指西川，則肯定霸業可成，漢室可興。」劉備一聽此言，故作震驚，慌忙答道：「我哪敢有如此妄想！據守益州的劉璋也是帝室宗親，又長久恩澤西川黎民，別人豈能輕易動搖他的統治？」

張松一聽，更敬佩劉備的寬仁厚道，於是把心裡話掏出來：「我勸皇叔進取西川，並不是賣主求榮，而是今天遇到了明主，不得不一吐肺腑。劉璋雖據有西川之地，但他本性懦弱，且是非難分，又不能任賢用能。況且北面的張魯時有進犯之意。現在西川人心渙散，有志之人都希望擇主而事。我這次本來受命去結交曹操，沒想到他傲賢慢士，冷淡於我。一氣之下，我棄他而回。皇叔若是先取西川為基礎，然後向北發展，圖得漢中，最後收取守中原，匡復漢朝，乃名垂青史的大功。皇叔要是願意進取西川，張松願意效犬馬之勞，充作內應。不知皇叔意見如何？」

劉備見時機成熟，仍不露聲色，只是無可奈何地說：「對你的厚愛，我深深的感謝！無奈劉璋與我同宗，若相拼，恐怕落得天下人笑話呀！」此時張松已不能自已了，生怕這筆「交易」做不成，錯過機會，急切地說：「大丈夫處世，理當建功立業，哪能如此瞻前顧後，婆婆媽媽！今天皇叔若不取西川，他日為別人所取，就悔之恨晚了！」

直到這時，劉備的談話才涉及與地圖有關的事。他說：「我聽說西川之地，道路崎嶇，千山萬水，雙輪車無法通過，連匹馬並行的路都沒有，就算想進軍，也苦無良策啊！」張松忙從袖中取出地圖，遞給劉備，說：「深感皇叔盛德，獻出此圖。一看此圖，對西川的地形地貌便可一目了然。」

劉備略為展開一看，只見上面地理行程、遠近闊狹、山川險要、府庫錢糧一一寫得明白，自然高興不已。可張松還嫌不夠，進而說道：「我在西川還有兩個摯友，名叫法正、孟達，皇叔欲進西川，他二人也肯定願意相助。下次他二人若到荊州，皇叔可以心腹事相商。」

直到這時，劉備和諸葛亮共同導演，由劉備主演的這場「索圖戲」終於謝幕。

如果劉備見張松之後，開口便提如何取西川，或酒過三巡，便索要西川地圖，他的形象必然會在張松心目中黯然失色，陡然渺小起來，張松會倍加警惕，左右權衡。即使劉備硬逼強搶，得到的也只是一張「死地圖」，而張松、法正等一批西川人才就難為他所用，甚至陡增對抗之勢。

4 先追求小回報，再層層加碼

通過「送」的方法求人，如果一開始就提出太大的要求，對方必很難答應。特別是所「送」的東西若「分量」不是很重，更是如此。這時，你應當先提出一個很小的要求。在對方看來，你「送」東西只是為了換取如此小的利益，自然會很痛快地滿足你的要求。一旦你小事求人成功，再不斷擴展，最終的目標就比較容易現實了。這叫「乘隙打楔子」。

窮得連學校都沒有讀完就去做推銷工作的美國人克羅在認識了餐館業主麥當勞兄弟之後，立下一番改革美國速食行業的遠大抱負。可是，他一貧如洗，有什麼資格插足速食業呢？經過一番觀察和思索，他要求麥氏兄弟留他在餐館裡當一名跑堂的小夥計。他說，他將兼做原來的推銷工作，並把推銷收入的5％讓給老闆。麥氏兄弟一聽，當即爽快地答應他的要求。

克羅進餐館後，迅速查悉餐館的實力和條件，並靠異常的勤奮，博取老闆的信任。他不斷地向麥氏兄弟提建議：改善營業環境、配製定餐、輕便包裝、送飯上門，並在店裡安裝音響設備，使顧客更加舒適，大力改善食品衛生，精心挑選和安排服務員，讓那些動作敏捷、服務周到的年輕姑娘當前方招待，把那些牙齒不整潔、相貌平平的人安排到後方作業……當然，每項改革都使老闆大感滿意。他待人坦誠，值得信賴，謙虛謹慎……為店裡招攬了不少顧客。餐館的生意越來越火紅，老闆對他簡直是言聽計從，百依百順。

不知不覺間，他在餐館裡幹了6年，經驗越來越豐富，頭腦中新點子越來越多。麥當勞快餐館在美國已闖出響亮的名聲。

終於，克羅通過各種途徑，籌集了一大筆貸款，在一九六一年的一個晚上，請來了他的老闆麥氏兄弟，對他們說，他要買下這餐館，並開價二百七十萬美元。

事情進展得異常順利。第二天，餐館主僕易位，店員克羅把老闆炒了「魷魚」。接著，快餐館以嶄新的面貌攻占全美。在不長的時間內，那二百七十萬美元很快就回到克羅的帳戶。再過二十年，餐館總資產已達42億美元，麥當勞速食成了國際十大知名產品之一。

很多人覺得，求人講求迅速確實，何必花那麼多冤枉心思去搞馬拉松式的感情投資？卻不知，運用「送」的方法求人，切不可急功近利，必須把「送」當成求人辦事的人情鋪墊。款待或送禮物給那些與你有直接利害關係的人，怎麼款待、送禮？什麼時候款待、送禮？這裡面大有學問。

在某人幫過忙之後，再將禮物送去，對方一定認為你這樣做理所當然。如果從未拜託人家幫忙，就將禮物煞有介事地送去，受禮者的想法就必然大不一樣。比如說，送禮給才上任的總經理與送給即將調離的總經理，所取得的效果必有顯著的差異。因此，送禮給原為的上司，但即將調到其它部門擔任其它職務的人，對方必大有感觸。

某家公司的總經理，每到年底，禮物、賀卡必像雪片一般飛來。可是，當他退職離休之後，所收到的禮物只有一兩件，賀年卡一張也沒有。以往訪客往來不絕，這一年卻寥寥無幾。正在他心情寂寞的時候，一位之前的下屬帶著禮物來看他。在他任職期間，並不很重視這位職員。他感動得熱淚盈眶。

兩三年後，他被原公司聘為顧問。很自然，他提拔了那位重情的職員。因為他在沒有利益關係的情況下登門拜訪，在他心中留下很深刻的印象，產生了「有朝一日，一旦有機會，我一定好好回報他」的想法。

好的人際關係是求人得以成功的基礎，但好關係的建立不是一朝一夕就能做到，必須從一點一滴入手，依靠平日的積累。一旦有了「鐵」關係墊底，何愁求助無門？

5 送最能使對方心動的東西

用什麼方式送禮？送什麼東西？學問很大。

第一條原則：選擇最能觸動對方心靈的方式，送最能打動對方的東西。只要能引起對方心靈的共鳴，無論東西是否貴重，都是最好的東西。

人人都知道法國有一座凱旋門，卻很少人知道瑞典也有一座凱旋門。那是瑞典一位著名建築家的得意之作。

當時這位建築家還是個年輕人，並無名氣，也沒有顯赫的身世，有的只是聰明和才華。如果不是偶然之機，這些聰明、才華可能永遠找不到用武之地……

一次，這年輕人擠在迎接國王查理四世的人群中。他驀然警覺，置身於擁擠的群眾大海中，一輩子也引不起國王的注意。對！可建造一座建築物。只要這座建築物成了名，國王就一定會知道自己。當然，普通建築不行。它必須醒目而新穎，否則就很難引起國王的注目。

年輕人做了決定，開始考慮這座建築的式樣。瑞典式樣的建築不會讓國王感到新鮮，因為國王就住在最好的宮殿裡。他想到查理四世的特殊經歷。查理四世來自法國，原是拿破崙手下的元帥，後受到瑞典國王的賞識，被收為義子，老國王死後繼位。國王對法國建築一定感興趣。法國現在不是已在模仿羅馬的凱旋門，修建一座宏大的凱旋門嗎？如果模仿建一個……

說幹就幹。年輕人利用自己在城裡的條件，充分發揮才華，終於很快建了一座「凱旋門」。儘管它沒有巴黎和羅馬的同型建築那麼豪華、龐大，但在這城裡，它仍以精致而美觀的外形得到眾人的關注和讚美。

有一天，國王從城裡經過。他看到這座頗具神韻的建築，大吃一驚。他從來沒有想到，在這座不起眼的小城裡，還有這樣的人才，竟能建造出這樣好的建築。看著這座「凱旋門」，他心中湧出強烈的感觸。

他向小城的官員詢問這座建築的建造者，決定給予獎賞……

年輕人揣摩到國王的心理，得到國王的賞識，終於成為一顆耀眼的新星，備受景仰和關注。

如果說，巴黎的凱旋門是成功的標誌，那麼瑞典的凱旋門就是那年輕人走向輝煌的起點。

關於送禮的方式和內容，第二條原則是：選擇最能顯示自己之誠心的方式。因為，誠心是最容易打動人的。

克魯伊夫的大名在世界體壇幾乎無人不知，在歐洲也是家喻戶曉。這位荷蘭足球明星曾五次被評為荷蘭「足球先生」，三次被評為歐洲「足球先生」，至今仍在足球界享有極大的聲譽。

但是，很少有人認識克魯伊夫夫人，不知道她如何贏得了克魯伊夫的愛情。可克魯伊夫忘不了，他永生難忘……

一天傍晚，克魯伊夫照例收到世界各地的許多來信，其中有許多姑娘的情書。這並不奇怪。克魯伊夫風度翩翩，不僅球藝高超，平時的言談舉止也十分講究，深得姑娘們的青睞。但是，對於姑娘們的來信，他一直沒有理會。他不願因此而影響自己的事業；他只想在綠茵場上迅跑……

可是，這回不一樣。他收到了一本用裘皮精裝的日記，每一頁都只有一個名字——他自己親筆寫下的名字——「克魯伊夫」。一頁、二頁、三頁……頁頁如此。這奇特的日記本引起了他的好奇心。他一直翻下去，直到最後才看到一篇文字，那秀麗流暢的筆跡使他驚詫不已。他一口氣讀完——

「……我已經看你踢過的一百多場球，每一場都要求你簽名，而且也得到了。我是多麼幸運啊！當然，對於擁有無數崇拜者的你來說，我是一個微不足道的人。愛是群星向天使的膜拜。但我敢說，我是最有心最忠誠的一個。我多麼希望你對我已經有了一點印象啊……」

克魯伊夫滿心震動。想不到世界上竟有如此癡情而機靈的姑娘！一股幸福得令人眩暈的暖流湧遍他的全身……一個星期之後，21歲的世界足球明星和19歲的美麗姑娘相見了，而且很快訂下了終身。

這位美麗的姑娘射進致勝的一「球」。借助於絕妙獨特的傳播技藝，她贏得了克魯伊夫的全部注意和愛情。

6 送對方最急需的東西

俗話說：「錦上添花，不如雪中送炭。」

的確，「雪中送炭」可說是「送」的最高境界。因此，「送」的第三條原則就是：想對方之所想，急對方之所急，送對方最急需的東西。

安德海曾在慈禧太后危難之際，為之冒死傳遞詔書，由此深得信任和寵愛。

咸豐十一年六月，咸豐在承德崩逝，享年31歲。八大臣迅即扶持六歲的皇太子載淳在靈柩前即位。在京的王公大臣聞訊，都聚在恭親王府議事，對不召恭親王參與此事感到不滿。恭親王雖未作聲，心裡卻有了打算。他為了摸清離宮諸人的態度，當即修了一道奏摺，請求去承德奔喪。

肅順等人見到奏摺，怕恭親王來後與慈禧串通起來對付他們，當下擬旨，說是京師重地，留守要緊，勿來奔喪。另一方面，更加強對慈禧的監視。慈禧儘管很惱火，但因肅順挾持著小皇帝，她一時也沒什麼辦法。

恭親王接到聖旨，知道是肅順搞的鬼，但因為是聖旨，不能違抗，也急得束手無策。就在此時，軍機大臣文祥及內務府趙主事押了太監安德海前來。

恭親王知道其中必有文章，急命門官放他們進來，其他人一概不准入內。

安德海是慈禧的寵監，怎會被押解入京呢？

這得從恭親王的奏摺說起。恭親王要求去離宮奔喪，被肅順等人假借聖上的旨意給駁了。此事被安德海知悉，祕密地報告了慈禧。慈禧不甘心處於被動。她思來想去，心生一計，讓安德海告訴御史董元醇，由他奏請兩宮太后垂簾聽政。

董元醇遵照慈禧的旨意，寫了一道奏摺，交予八大臣。

怡親王載垣看罷奏摺，拍案破口大罵：「混帳主意！我朝自開國以來，哪有什麼垂簾聽政！」

肅順道：「這明明是有人指使！應立刻駁回，免得他人再生事端！」

怡親王道：「對！駁回去！」當下提筆在原奏摺上批了一行字：「如再敢萎言亂政，當即按大清律加罪處置！」

慈禧得知，氣得渾身發抖，心說：如不除掉肅順這幫人，自己便有生命之危。當下與慈安太后商議。慈安本無意垂簾，但架不住慈禧一個勁兒地說，而且說得十分危險，於是也動了心。

慈禧提議：「此事除了密召恭親王前來處置，別無良策。恭親王總是我們弟兄，當今的皇叔呀！」

慈安點頭：「那就叫他來吧！」

當下兩宮擬了懿旨。可是，派誰去送呢？兩宮太后發起愁來。因為肅順等人早已派人嚴守宮門，任何人不得隨便出入。

安德海見慈禧愁眉苦臉，便叩問道：「太后，莫不是為那密詔送不出去發愁。」

慈禧回答：「正是為此。眼下離宮形勢危殆，明送不行，密送也難免閃失。一旦落入他們手中，就要招來殺身之禍！」

安德海道：「稟太后！奴才願意捨死傳遞詔書。」

慈禧道：「小安子，難得你一片孝心！可你天天在我身邊，他們哪能不注意你，你又如何出得了離宮？」

安德海道：「太后，當年三國時，曹操與東吳交兵，東吳來了個周瑜打黃蓋，奸詐的曹操不也照樣中計。肅順未必比曹操高明多少吧？小安子願意當那黃蓋。」

慈禧不忍：「那豈不苦了我的小安子。」

安德海道：「為了太后，奴才粉身碎骨，在所不辭，受點兒苦算得了什麼！」

次日，慈禧讓太監、宮女重新為她布置寢宮。安德海當眾道：「先皇剛剛駕崩，太后如此安排，恐怕有些不當吧！」

此話顯然惹惱了慈禧。她當即罵道：「大膽奴才，竟敢干預宮事！來人啊，給我掌嘴！」

幾個人一擁而上，直打得安德海捂著腦袋，連喊饒命。

安德海被打了個鼻青臉腫，口吐鮮血。

慈禧仍然怒氣未消，命人將他押送京城，交內務府懲辦。

安德海苦苦求饒。慈禧哪裡肯聽，猛然把手向外一揮，厲聲喝道：「帶走！」

安德海被責的消息很快傳遍了離宮，早有人報予肅順等人知悉。他們聞訊，也甚為開心。

怡親王大感不解：「這安德海是太后的紅人，她怎捨得將他毒打一頓？」

鄭親王道：「那小子該打！平日不得人心，沒少在太后跟前說咱們的壞話。」

怡親王很不以為然：「一個小小的太監，責打一頓就罷了，還送什麼內務府？這女人真是小題大作！」

肅順道：「這位葉赫那拉氏被咱們控制起來，她哪能服氣！一肚子怨氣沒處發泄，正好趕上她的小安子倒楣了，說不定得把命搭上。」

眾人邊說邊笑，誰也沒想到這裡頭大有文章。

且說安德海被押入京城，到了內務府，押送人交差之後，取了回文，自回承德，不再細表。

內務府的趙主事不知內情，當下提審。安德海什麼話也沒說，只偷偷地向他遞了個眼色。趙主事會意，知道安德海有話要暗中相告。

這位趙主事也是慈禧的心腹，當時急命左右退下，走進他的身邊，低聲道：「安公公有何話說？」

安德海道：「快快送我去見恭親王！太后命我前來傳遞密旨，並有要事相告。」

就這樣，恭親王立即去了承德，給了肅順一個措手不及，除掉八大臣，確立了慈禧的地位。安德海也隨之青雲直上。

7 送對方最喜歡的東西

送東西不在貴重，只要送的對象喜歡就行。

東北軍閥張作霖喜歡搓麻將。在玩牌中，發生過一件趣事。有一個政客，想在東北謀一個美差，曾經請了一個有勢力的大老闆，把他推薦給張作霖。張同意委以重任。可一等再等，委任狀遲遲不下來，急得那個政客像熱鍋上的螞蟻。

說來也巧，有一次，他遇到了一位舊友，此人正好是張作霖的顧問。他把自己的處境相告，請求這顧問催催張作霖。

哪知這顧問一個勁兒搖頭：「不好辦啊！你既有人推薦，我再為你去說項，好像是追問他一般。他是一個多疑的人，便會想到你為什麼如此迫不及待地要在他那裡謀事，本來也許會給你個差使，這樣一來，非但不給，靠不住還會招來禍殃呢！」

不過，顧問到底是顧問，他見舊友一臉失望，就代為想出了一條主意：

「老頭子近來很喜歡打牌。我們就借某總長家，請人來吃飯、打牌。打牌時你也來。你是打麻將的老手，每次都穩贏不輸。這回你只許輸，不許贏。不妨連自己的底也輸光，讓老頭子贏得滿意。到那時候，我自有妙計。」

到了約定的日子，在某總長家裡，由那位顧問出面請張作霖吃飯。酒飯之後，拉出桌子，準備做方城之戰。

這天，張作霖的牌風可順啦！要什麼牌就來什麼牌，要吃有吃，要碰有碰，做莊就連莊。他高興得一個勁兒直樂！

那政客真不愧是麻將能手，張作霖手中十三張牌，他摸得透透的。知道張在等和了，就拆了搭子，給他和了個滿貫。十二圈牌打下來，一結算，那政客輸了二千元，張作霖贏了一千八百元。

一千八百元在張作霖眼裡，根本算不了什麼，可他這次玩得十分開心，自然以為自己牌打得好，運氣也好！那政客開了支票，付了賭款，匆匆離開。

打過牌後，張作霖要吃筒煙提提神，那顧問就陪在煙榻旁燒煙。兩人邊吃邊聊。顧問捧他：「大帥，您這牌可打得太棒了！」

張作霖吸了口煙，笑道：「哪裡！碰運氣罷了！」

那顧問話鋒一轉：「今天那一位可輸苦了！他也不是個富有的人，這次來，就是想謀一個差事的。」

張作霖一聽，把煙槍一擱，爽快地說：「他是你的朋友，那就把支票還給他得了。咱們一千兩千的，也不在乎！」說著就往口袋裡掏支票。

那顧問連連罷手：「使不得，使不得！他也是個要面子的人，輸了的錢，決不會收回的。他在前清也是個京官，還有些才幹呢！大帥要是可憐他，就周全周全他，給他個什麼職司，他就感激不盡啦！」

張作霖突然想起了什麼，拍拍腦袋：「啊！想起來了！某老也曾經推薦過他。我就成全了他吧！」

那顧問忙道：「那我先替他向大帥謝恩啦！」

果然，不出一個星期，那個政客就得到一個美差了。

8 明明是送人情，卻讓對方看不出來

為了求辦某事，給人送禮，很容易引起反感。對方若是一個自稱「正人君子」的人，更會引出他的火來。這時，高明的求人者會把送人情這件事做得不留痕跡，卻讓對方真真切切地感受到他的「好意」。

周靈王二十六年，吳國攻打楚國。楚國令尹屈建利用誘敵之計，大敗吳國。二十七年，楚康王為報吳國伐楚之仇，意欲討伐吳國，並派他的弟弟公子圍率兵出征。吳國得知消息，以守為攻，屯重兵於江口堅守。楚國見吳國有所準備，不易取勝，就轉而攻打一直歸附晉國的鄭國。雙方交戰，鄭國自然不是對手。楚國大夫穿封戌活捉了鄭國大將皇頡，大勝而歸。

楚康王的弟弟公子圍想在主公面前領功請賞，便想從穿封戌手中奪走皇頡，將此功據為己有。穿封戌當然不從。

公子圍仗著自己是康王的弟弟，便來了個惡人先告狀，對康王說：「我捉住了鄭國大將皇頡，卻被穿封戌奪去了！」

過了一會兒，穿封戌押著皇頡前來領賞，並向康王陳述公子圍要從他手中搶奪皇頡，冒功領賞之事。

兩人各說各有理，康王一時不知誰真誰假，便命太宰伯州犁出面做出決斷。

伯州犁早就有心逢迎公子圍，只是平時不得機會。現在康王要他決斷公子圍與穿封戌的爭論，真是天賜一個向公子圍獻媚的好機會。他對康王說：「俘虜是鄭國的大夫，並非普通將士，只要問問他便真相大白。」

康王認為這是一個好主意，於是命皇頡站在庭下，伯州犁站在他的右邊，公子圍、穿封戌站在他的左邊。

伯州犁先把雙手向公子圍高高拱起，向皇頡介紹：「這位是公子圍，我們國君的弟弟。」然後，又對著穿封戌，雙手在下邊拱了拱，向皇頡說：「這位是穿封戌，方城外邊的縣尹。他倆到底是誰將你抓到的？你要從實說來。」

皇頡畢竟是鄭國大將，對伯州犁的眼神、動作，早已領悟。為了活命，也為了討好公子圍，他佯裝看了看四周，然後回答：「我遇公子圍，戰他不過而被俘。」

穿封戌一聽，大為憤怒，順手兵器架上抓起一戈，發瘋般朝公子圍刺去，嚇得公子圍急忙跑開。

伯州犁見狀，忙走上前去，一面竭力勸解，一面請求康王對兩人都記功獎賞，又親自設宴，勸二人和好。結果是皆大歡喜。

伯州犁這個人情送得可謂不露聲色，手段高明之極，堪稱典範。他的高明之處就在於，稍有心計的人便可看出他在行巴結之事，但無論多有口才的人也難責備他決斷不公平。即使強加責備，也只能說皇頡怨怨相報，干伯州犁何事。假人之手，行我之事，真是絕了！

現實生活也是這樣，話不在詞語，看你怎麼說；事不在種類，看你怎麼做；一個動作，一個語調，甚或一個眼神，寓意可能就完全不同。要真正理解其中的奧妙，從書本上很難學到。只有自己慢慢去體會、去揣摩。

正如前面所言，送禮者所「送」者不一定是有形之物，實質上是「給人好處」。惟有給人好處，才能從別人身上也得到一些「好處」。這正是「送」的意義之所在。給人好處，要給得恰到好處。也就是說，必須做到不輕送、不濫送、不吝送！

1．「不輕送」——讓對方為這「好處」吃一些苦頭，花一些心力，在「付出」之後才「得到」。這樣，他才會珍惜這「得來不易」的好處。如果你因為身上有太多「好處」，隨便給人，討人歡喜，那麼，他非但不會珍惜這些「好處」，對你也不會有任何感激之心，反而會嫌少、嫌不夠好，甚至一再向你要好處，你如不給或給得不如前次好、多，他便要怪你、恨你，比你不給他好處還怨得深。

2·**「不濫送」**——該給多少，要有準則，否則會出現和「輕送」一樣的後遺症，還會造成是非不明的結果。

3·**「不吝送」；也就是「敢送」**——「不吝送」是指應該給、必須給、不得不給時，就要慷慨大方地給，不怕給得多，只怕給得少。這種情形包括人家有恩於你、獎賞有功的屬下、重用某人、收買人心，以及情勢相迫時。如果你給得少，又不乾脆，那麼，得不到人家的感謝也就罷了，有時還會招怨！

總之，「送」是一門藝術。送得好，方法得當，皆大歡喜，境界全出。送得不好，讓人擋回，觸了楣頭，定會堵心數日。所以，只有巧妙地掌握送禮的技巧，才能把整個送禮過程劃上一個漂亮的句號。

「送」的具體方法，常用者如下：

一、**移花接木**——如果你送的是土特產品，可以說是老家托人捎來，分一些給對方嘗嘗鮮。東西不多，又沒花錢，不是單給他買的，請他收下。

二、**瞞天過海**——如果你送給對方的是酒一類的東西，應避談「送」字，假借說是別人送你兩瓶酒，來和他對飲共酌，請他準備一點小菜。這樣喝一瓶，送一瓶，關係近了，禮也送了。

三、借梯登天——有時你想送禮給人，對方卻又與你八竿子拉不上關係，不好直接去送。你不妨選受禮者的生誕婚日，邀上幾位熟人，一同去送禮祝賀。這樣，受禮者便不好拒絕了。

四、迂迴包抄——老張有事要托小劉去辦，想送點禮物疏通一下，又怕小劉駁了自己的面子。張太太與小劉的女朋友很熟，老張便做起了夫人外交，讓太太帶著禮物去拜訪。果然一舉成功，小劉禮也收了，事也辦了，兩全其美。

五、借花獻佛——某位學生受老師恩惠頗多，一直想回報，苦無機會。一天，他偶然發現老師的紅木鏡框中鑲的字畫竟是一幅拓片，跟屋裡雅致的陳設不太協調。正好，他的叔父是個小有名氣的書法家，自己手頭正有叔父贈的字畫。於是，他馬上把字畫拿來，主動放到鏡框裡。老師不但沒反對，而且喜愛非常。

六、人情當禮——有時送的禮不一定要掏錢去買。在某種情況下，人情也是一種禮物。比如，你能通過一些關係，買到出廠價、批發價的東西。於是你為朋友、同事買了這些東西。他們在拿到東西的同時，已將你的那份「人情」當作禮物收下了。你未花分文，只不過搭上點人情和工夫，收到的效果與送禮卻一般無二。

9 對於無恥的人，自己先得不要臉

如果你所求之人性格有缺陷，或人格低下，運用「送」的方法並不難。最大的難度在於你自己。也就是說，你要戰勝自己，強迫自己與所求之人「同流合污」。為此，必須做到「二不怕」：

第一，不怕人笑。

這是厚黑求人的一項基本功，即「厚顏」。向人格低下的人求助，送禮，正直之士一定不恥你之所為。所以說，你別指望能得到好名聲。臉皮厚就厚到底，任由別人嘲笑好了！

宋朝的王黼，論相貌可謂一表人才，長得「美風姿，極便辟，面如傅粉」。但為了爬上高位，他不斷尋找雄厚的政治靠山。當時位居相位的張商英已不為徽宗所欣賞，徽宗又召見已罷相的蔡京於錢塘。王黼很善於觀察政治風向，看出蔡京大有再相的可能，便開始了新的投機。他先是為蔡京歌功頌德，後又「擊商英」，「劾商英去位」。他的這次投機大獲成功，蔡京復相之後，為了感謝他的助己之德，連連將他提拔，從校書郎驟升到御史中丞，官運亨通，飛黃騰達。

為了博得皇帝的歡心，王黼在徽宗面前更是媚態百出，不成體統，全然不顧自己的大臣身分。侍宴時，為了給徽宗助興，他常常「短衫窄褲，塗抹青紅，雜優侏儒，多道市井淫媟謔浪語……親為俳優鄙賤之役，以獻笑取悅。」到集市遊耍時，由他扮演市令，徽宗故意責罰，用鞭子抽打他取樂。他連連哀求：「求求堯舜賢君，就饒了我這一回吧！」君臣玩得十分盡興，旁觀者則啼笑皆非。

浪蕩皇帝宋徽宗還喜歡微服出遊以消愁解悶，有時甚至尋花問柳。王黼身為副，不但不予勸止，反而大加慫恿，還經常隨侍，君臣共作逍遙遊。一次微服，路過一堵牆擋道。王黼立即送上肩膀。徽宗踩著他的肩頭，準備翻越過牆。可惜他的肩頭矮了一點。於是，徽宗喊道：「聳上來，司馬光！」王黼則戲答：「伸下來，神宗皇帝！」

第二，不怕人罵。

你所求之人如果身居高位，掌握著很多人的命運，你與他同流合污，一定有悖於天下公義，可能傷害到很多人的利益，所以你的行為必遭眾人唾罵。這時，你要行厚黑之道，就得不怕罵，堅持「心黑」。

屠岸賈是春秋時期晉國人，出生於貴族家庭，靈公時任大夫，景公時任刑獄司寇。身為國家重臣，他不僅不去勸諫國君勵精圖治，反而極盡阿諛逢迎之能事，為君主出謀劃策，謔戲縱樂，導致國政荒廢，民力空耗，內憂外患空前嚴重。

晉靈公一生荒淫無度，晚年尤甚。他用強行從民間徵來的苛損雜稅，大興土木，廣修宮殿庭園。有一次，他命屠岸賈在都城內建一座花園。屠岸賈受命後，找到各地的能工巧匠，精心設計，晝夜施工，很快建造完成。園中築有三層高臺，中間一座「絳霄樓」，憑欄四望，市井均在眼前。園中又遍植奇花異草。因桃花最盛，每到開花之季，如錦似繡，故此園取名「桃園」。

竣工之後，靈公讚不絕口，心中更力寵愛屠岸賈。此後，靈公一日幾次登樓，或觀覽，或飲酒，有時還張弓彈鳥，與屠岸賈賭賽取樂。一天，屠岸賈召來藝人在台下獻藝，園外聚集了很多看熱鬧的百姓。靈公一時興起，對屠岸賈說：「彈鳥不如彈人。咱倆比試一下，看誰打得準。擊中眼者為勝，中肩為平。要是打不中，用大斗罰酒。你看怎麼樣？」屠岸賈欣喜應允。

於是，兩人一個向左、一個向右，高喊：「看彈！」一個個彈丸如流星般飛向人群，有人被彈去半個耳朵，有人被擊瞎眼睛，頓時人群大亂，哭喊擁擠著爭相逃命。

靈公大怒，命左右會放彈的侍從全都操弓放彈。一時間，彈如雨點般向人群飛去，百姓傷殘無數，慘不忍睹。靈公見狀，狂笑不止，連弓掉到地上都不知道。他邊笑邊對屠岸賈說：「我登臺數次，數今天玩得最痛快。」

在屠岸賈慫恿之下，靈公驕奢日甚。為了進一步取悅靈公，屠岸賈親自率人到全國各地挑選良家美女。只要中意，即搶奪回京，送入桃花園供靈公淫樂。

靈公與屠岸賈狼狽為奸，朝野上下怨聲載道。許多正直的官吏曾多次直言進諫，勸靈公收斂其種種不道之舉，以仁治國，以德安民。惜乎靈公是本性難移。屠岸賈則慫恿靈公迫害、殺害進諫的忠良之士。

依厚黑之道，送禮送對路，使受禮者滿心歡喜還不是最高境界。必得使對方吸食鴉片一樣上癮，對你所送的東西無法割捨，最終被你所控制，這才叫高招。

為此：要發現對方的「興趣」所在。注意觀察對方的日常生活、行為方式、思維習慣，從中發現對方的興奮點，以「對症下藥」。

明弘治十八年，孝宗病死，皇太子朱厚照即位，是為明武宗，年號正德。原來的東宮內侍仍然跟隨左右，除劉瑾外，還有馬永成、高鳳、羅祥、魏彬、邱聚、谷大用、張永，人稱「八虎」，以上幾人，劉瑾地位最低。

明朝宦官組織龐大，自成體系，共有12監、4司、8局等24個衙門。其中司禮監太監最重要，為皇帝掌管內外章奏，其權力可比外廷的內閣首輔，且其實際權力大得多。從明英宗正統年間王振專權開始，司禮監逐漸淩駕於內閣之上。

劉瑾所在的鐘鼓司職權無足輕重，其任務：一、是掌管每天皇帝出朝的鐘鼓，也就是為皇帝上朝議事報時；二是為皇帝及其後宮的娛樂活動服務，例如調教樂工，搬演內樂、傳奇、過錦、打稻等雜戲。武宗即位後，劉瑾即升為鐘鼓司掌印太監。

為什麼一個沒有實際權力的鐘鼓司掌印太監能夠成為「八虎」之首？原因就在於他找到了皇帝的「興趣」所在。

劉瑾自進宮，就在鐘鼓司做事，對宮廷內樂、歌舞女伎非常熟悉。這個條件，使他能夠經常服侍在喜好遊樂的朱厚照左右。

史書記載，朱厚照當太子期間，劉瑾便以「俳弄為太子所悅」。從那時起，劉瑾成為朱厚照的心腹。相比之下，宮中成千上萬的太監都不具備這個條件。因此，武宗尚未即位前，劉瑾已為後來專權打下堅實的基礎。

劉瑾雖沒讀過書，卻博通古今，工於心計，善於謀略。後來，在與以內閣為首的朝臣爭奪朝政控制權的鬥爭中，他漸露頭角，玩弄權術，排斥朝臣，左右武宗。

朱厚照即位時，年僅14歲，涉世不深，也無執政經驗。如何引導教育這位年齡尚少的明王朝統治者至關重要。當時朱厚照周圍有兩種力量，他們都想將這位少年天子控制在自己手中。

一、是以內閣大學士為首的顧命大臣集團。

明孝宗臨死時，召見大學士劉健、李東陽、謝遷，在乾清宮東暖閣榻上口述，由太監記錄下他的遺旨：「皇太子很聰明，但年紀輕輕，又貪圖玩樂，所以請幾位先生對他認真輔導，使他成為一代明君。」然後把太子朱厚照叫到跟前，囑咐他篤守祖宗以來的成法，孝敬兩宮太后，努力學習，任賢使能，永保天下。朱厚照即位後，承擔孝宗臨終重托的顧命大臣為使新皇帝走上「正道」，把孔孟之道和朱明祖宗家法抬出，作為新皇帝的行為準則。

劉健特意為這位少年天子制訂了學習計畫——《日講儀注》，要求新君把當太子時未讀完的《論語》與《尚書》等儒家經典讀完。每天由講官講解後，每書要誦讀五遍。裁決政務後，有時間，要寫字一幅。同時要增加午講，內容是讀講《大學衍義》和《歷代通鑑纂要》。無奈，這位少年天子所專心、喜好的不是那枯澀無味的四書五經，對這些顧命大臣的「諄諄教誨」更感到厭煩。

二、是以劉瑾為首的宦官「八虎」集團。

這些宦官在朱厚照兒童、少年時期，一直陪伴其左右，朱厚照和他們的親近程度遠超過顧命大臣。他們利用新君天性上的弱點，逗引他玩鬧博戲。這批宦官雖胸無點墨，卻個個是玩樂的好手，所以，嗜玩成癖成性的少年天子自然親近他們，逐漸疏遠了顧命大臣。

朱厚照除了騎射、行獵、遊幸之外，在劉瑾引導下，又喜歡上戲曲。他即位不久，就在皇城中增建皇家「御樂庫房」，即樂工聚集排練的場所。因為要舉行皇帝即位慶典等大型活動，宮內人力缺乏，必須補充樂工，劉瑾上奏要求各省選送年富力強、精通藝業者到京城進行集中培訓。從此，所謂「筋斗百戲」在明朝宮廷中盛行起來。後來，又從京城樂戶中選出精通樂藝的八百戶應役。

就這樣，朱厚照即位後，在皇城內外跟隨著貼身宦官微服遊蕩，騎射馳騁，觀劇作樂，完全放棄了顧命大臣為其設計的所謂「日講」經筵，被「八虎」集團所控制。

10 利用「混蛋」之前，及早想好抽身之策

運用「混蛋捧混蛋」方法，與所求之人「臭味相投」，以達到求人的目的，一定要事先想好抽身之策。對方既是「混蛋」，運用此法的危險性不言自明。由於沒有為自己想好後路，最後出現「狗咬狗」的情況，歷史上比比皆是。

金朝佞臣蕭裕控制國家大權以後，依靠與暴君海陵王的特殊關係，專橫跋扈，勢傾朝廷。海陵王對他很信任，大小事情都找他商量，其餘大臣不過是擺設。

海陵王本來就是一個花花公子，早在青年時代就把「得天下絕色而妻之」作為「一大志業」。當上皇帝以後，更加肆無忌憚，淫亂有增無已。他按照女真舊俗，淫亂不分親疏遠近，即使自己的親姊妹和外甥女，只要是「絕色」，就要淫之。在他所誅殺的宗室之妻室中，多為其表親，他有意將她們當中的「絕色」納入宮中，便派徒單貞去與蕭裕商量。蕭裕一開始不同意，在徒單貞說服下，方表示應允。徒單貞又說：「你光表示同意不行，還要上奏，請求皇帝益嬪御以廣嗣續。」蕭裕果然上奏請求海陵王將宗本子莎魯剌妻、宗固子胡里剌妻、胡失來妻和秉德弟糺里妻納入宮中。

蕭裕幫助海陵王搞陰謀、幹壞事，日益受到寵信，因而揚揚自得起來，見人就說他與海陵王的關係如何如何好，以便抬高自己的身價。結果適得其反，引起很多人的不屑與反感。

蕭裕以為自己與高藥師的關係很好，就把以前同海陵王密談的話告訴高藥師。高藥師也是一位勢利小人，為了討海陵王的歡心，立即把蕭裕所言報告，並添油加醋地說：「蕭裕有怨主之心。」海陵王聽後，把蕭裕找來，只告訴他以後不要這樣做，並沒有過多怪罪。

蕭裕瞞上欺下，逞性妄為，引起越來越多的人不滿，紛紛向海陵王控告蕭裕擅權專恣，作威作福。海陵王以為這些人是看到蕭裕的弟弟蕭柞任左副點檢，妹夫耶律濟離刺任左衛將軍，親屬把持朝政，互相憑藉，產生了嫉妒心理。

為了消除這些人對蕭裕的疑忌，海陵王沒有同蕭裕商量，就把蕭柞改為益都尹、濟離刺改為寧昌軍節度使，又任其弟為太師領三省事，與蕭裕共同居相位，以防人們說他擅權。

海陵王這樣做，本是替蕭裕著想，蕭裕卻不理解。因為他陰謀策劃殺了許多人，作賊心虛，也怕別人以此手段殺他。此時，他心想：「海陵王沒有同我商量，就把我的親屬改為外職，一定是開始懷疑我了。任其弟為太師領三省事，也是為監視和防備我。另外，以前我曾一度反對海陵王將諸宗室之妻納入宮中，高藥師也曾告我怨主之心，那時，海陵王雖然沒有怪罪，但心裡一定有了疑忌。」

想到這兒，他心裡一驚，頓時出了一身冷汗。多年來同海陵王打交道，他知道海陵王殘忍嗜殺，對知道並參與殺君和威脅皇權之人，皆一一殺死。

之後，他又想：「這次恐怕輪到殺我了。不！不能這樣等死！我要聚集力量謀反，闖出一條生路！」

大凡做了虧心事的人，一聽有人敲門就心驚肉跳。蕭裕就是這樣。此時，他計畫另立遼天祚帝耶律延薄的孫子為帝。最終事情敗露，被海陵王殺死。

11 越是有權勢的強者，越難過「美人關」

翻開歷史，「美人計」之所以屢屢得手，關鍵不在施「美人計」的一方，也不在「美人」本身，而在於中了「美人計」的人。

第一，有權有勢的人往往認為他們最有資格享受，這就給了施計者以可乘之機。

春秋時代，戎人勢力強大。秦穆公送給他們兩隊女子歌舞隊和一些高明的廚師。戎王十分高興。有了美女和廚師，不管白天、黑夜，戎王不停地大吃大喝。有誰說秦國軍隊將會到來，戎王就開弓射死他。後來，秦國軍隊果然來了。這時，戎王正喝得大醉，躺在酒桌下面睡覺。結果被秦國軍隊活活捆了起來。

第二，有權有勢的人，往往對自己過分自信，對「美人計」的警惕性不足。

隋朝開國皇帝楊堅是個很大有心計的人，深知美人計的利害。

北周時代，楊堅的女兒是周宣帝的皇后，他因此身兼上柱國、大司馬等重要官職，地位顯赫。後來，宣帝對楊堅心生疑忌，想找個藉口把楊堅幹掉。

宣帝有四個美姬，彼此爭寵。一天，他突然想出一計，讓四個寵姬打扮得分外妖豔嫵媚，站在他的兩側，然後派人召喚楊堅進宮。他對左右武士說：「楊堅進來，神色若有什麼變化，你們就立即把他殺掉。」布置好後，宣帝召楊堅進殿。在堅朝殿上走的時候，他故意和四個妃嬪嘻笑耍鬧。不料，楊堅始終目不斜視，從容自若。宣帝的陰謀終未得逞。大象二年5月，宣帝因荒淫過度而死。他九歲的兒子宇文衍即位，歷史上稱為靜帝。由於靜帝年幼無知，楊堅趁機總攬了軍政大權。

對楊堅入朝主政，宇文氏集團中有許多人並不甘心。宣帝的弟弟宇文贊早就想當皇帝，宣帝死後，他便搬進宮中，上朝聽政時也常常和楊堅同帳而坐。楊堅對此非常惱火，但又不好說什麼。楊堅知道宇文贊是個酒色之徒，於是囑咐手下心腹劉方選了幾個特別漂亮的姑娘送給宇文贊。宇文贊滿心歡喜地接受了，根本不知這是一計。有了美人，他的權力欲減退了不少，也就很少與楊堅同帳而坐，過問政事了。

劉方還對宇文贊說：「大王，您是先帝的弟弟，眾望所歸。現在靜帝年幼無知，怎能承擔大事？只不過，先帝剛死不久，大家的情緒還沒有穩定。您暫且回歸王府，等形勢稍稍平靜，就請您入承大統。」

宇文贊當時只有16歲，又不太聰明，竟相信了劉方的話，從宮中搬回了王府，天天與美女娛樂玩耍，不問政事。就這樣，楊堅搬掉了稱帝的一天障礙。

第三，有權有勢的人往往對女性非常輕視，所以非常容易上女人的圈套。

南宋時，天下不大安定，判將擁兵自立者眾多。有個叫夏全的，原是南宋叛將李全的部下，想發展自己的勢力，稱雄一方。一二二六年，李全在青州被蒙古軍圍困，南宋朝廷派遣劉卓為淮東制置使，去接管李全老巢楚州的軍隊。夏全自告奮勇，也帶著自己的軍隊趕來。劉卓命夏全陳兵楚州城下。

李全的妻子楊氏當時還在楚州。她美貌風流，狡詐多謀，見形勢嚴峻，連忙派人告訴夏全：「李全要是被消滅了，夏氏就能獨存嗎？將軍三思。」

夏全聞言，果然心動。進城後，夏全前往李全兵營。楊氏盛裝出迎，並領他巡視諸營，對他說：「現在到處都傳說李全死了，我一個婦道人家，怎麼能統兵打仗呢？還是把軍隊、糧倉、錢財、子女連同我自己，一同託付給將軍吧！請將軍用心照顧，別再惦記著與官軍聯合了。」說罷，又設宴擺酒。夏全被灌得迷迷糊糊，第二天醒來，已同楊氏睡在一床。

夏全驟然獲得李全半輩子打下的疆土、軍隊，乃至妻子兒女，好不得意，昔日的仇怨頓消，轉而與李全的哥哥李福一起商量如何對付官軍。

當時，劉卓也進駐州府，手下還有一點軍隊，可全無決斷，聞知夏全倒戈，領軍隊包圍了州府衙門，還焚燒官民宅第，搶掠官倉財物，竟毫無主見，隻身逃出城去。官軍勢弱，被叛軍殺死一多半，大批武器、糧草落在叛軍手中。夏全部下追趕劉卓，直到黃昏才返歸楚州城。

官軍敗走，楚州城又成了李全的天下。夏全自以為這座城池已歸了他，卻不料城門緊閉，楊氏拒絕他進入。這時，他方知上了當，只好孤零零地投奔金軍。楊氏在兵臨城下的緊要關頭，施美人計離間敵手。夏全被美色迷惑，白白當了人家的槍手。

第四，隨著權勢的增長，人的貪欲會不自覺地增加，對「女色」產生獵奇心理。

北宋名將鍾世衡治理邊疆時，制定「以夷制夷」之策，對胡人首領施以利誘，進行安撫。當時，胡人中最強大的是蘇慕恩部落。鍾世衡就想法和他接近。

一天晚上，鍾世衡邀請蘇慕恩飲酒，刻意叫出一個很美的侍妾在旁勸酒。喝著喝著，蘇慕恩已有九分醉意。這時，鐘世衡起身告辭，說有些小事要處理一下，命侍妾好好侍候客人。蘇慕恩見鍾世衡不在，就趁機調戲那個侍妾。這時，鍾世衡突然走出來，抓住了蘇慕恩。蘇慕恩非常慚愧，急忙請罪。鍾世衡笑問：「你想要她嗎？」就將那個侍妾送給他。

從此以後，蘇慕恩對鍾世衡更加忠心耿耿。胡人部落中凡是懷有二心或是膽敢隨意侵擾的，鍾世衡就都派他去討伐，每次都全勝而歸。

第五，利用自身的「美貌」去打動人，關鍵在於掌握所求之對象的心理。

以自身的「美豔」為武器，征服有權有勢的男人，是古埃及女王克里奧帕特拉的內功一絕。克里奧帕特拉是古埃及托勒密王朝最後一代國王托勒密十三世的王后，也是這個王朝的最後一位女王。她天生麗質，聰明伶俐，18歲時就精通七種外語。但聰慧者心存邪惡，就會變得更加惡毒。她慢慢變成一個迷人、殘忍的女妖。

公元前51年，托勒密十二世臨終時，讓她遵照古埃及傳統，與自己的異母弟托勒密十三世成婚，兩人共同接掌王位，聯合執政。托勒密十三世當時才8歲，年紀尚輕，懦弱無能。克里奧帕特拉獨斷專行，放蕩無比。後來，在與其弟爭奪王位中被打敗，投奔敘利亞國王，深得恩寵。但她一心想打回埃及，東山再起。正好凱撒的政敵龐培兵敗，逃到埃及，克里奧帕特拉遂決心投靠凱撒這棵大樹。

克里奧帕特拉知道，自己的美色可以征服這個強悍的羅馬人。在此之前，他就想好了施美色的主意。她脫光了衣服，用一幅巨大精美的毛毯裹住自己，差人通過祕密通道，把她抬到凱撒的居邸門前。凱撒莫明所以。只見毛毯慢慢轉開，一個傾國傾城的裸體美女緩緩展現在他眼前。他被打動了，陷入她精心設計的美人計之中。

果然，克里奧帕特拉的努力沒有白費，她挑唆凱撒幫她除掉政敵托勒密十三世，成為埃及真正的統治者。

克里奧帕特拉對她的情夫兼保護人凱撒百般逢迎。凱撒在埃及的日子，兩人形影不離。凱撒忘掉了一切，整日心醉神迷。她為了保持自己和凱撒的關係，多次挽留凱撒。公元前49年末，她生下了她和凱撒的兒子，設法讓凱撒承認這個兒子是他的繼承人，並向羅馬人表明，他準備正式與她結婚。

四年以後，就在她準備與凱撒於羅馬結婚的前三天，凱撒被刺身死。凱撒手下勇將安東尼成了繼承人。這時，她妄圖做羅馬第一夫人的野心又膨脹起來。為了達到目的，她施展一切魅力，向安東尼發起了愛情攻勢。在她的誘惑下，安東尼屈服了，成了她最忠實的奴僕，跟著她跑到埃及。

從公元前42年至前40年，兩年多時間，安東尼一直住在埃及，幫助克里奧帕特拉毒死了托勒密十四世，立她和凱撒所生之子為托勒密十五世，繼而又殺害了她的政治對手，異母妹雅西娜，清除了反對勢力，坐穩了女王的寶座。

12 發現正人君子面目下的「色心」

假如所求之人是一個嚴守道德規範的「正人君子」，不近女色，美人計如何運用？其實，越是「滿嘴仁義道德」的人，越可能「滿肚子男盜女娼」。按照現代心理學的原理，人所表現出的性格表象，可能正是為了掩蓋自己內心的真實。外表堅強的人，可能內心非常脆弱；外表對小動物非常憐愛的人，可能內心非常殘忍。關鍵只在於你能不能發現？

清太宗皇太極的皇后博爾濟吉特氏正是看透了「正人君子」洪承疇的內心世界，最終才能突破他的心理防線，使他心甘情願地為「異族」效命。

洪承疇乃明末「名臣」，文武雙全。明廷派他任統帥，領兵到關外抵禦清兵。錦州一戰，他兵敗被俘。

皇太極久有吞併中原的野心，苦於無適合之人做開路先鋒。俘了洪承疇，他大喜過望，決意勸其歸降。不料，任他派出多少說客，洪承疇堅決拒降，並絕食以明志。

皇太極非常讚佩他的忠義，更欲爭取他，特下手諭：勸降洪承疇者將受上賞。但無一人成功。此時，皇太極想到了「美人計」。於是，他搜羅全國美女，但洪承疇無一看上眼。

皇太極無計可施，無精打采地回到宮中。皇后博爾濟吉特關心地問其原因，他便把勸降洪承疇遭拒的事說出。

皇后說：「威逼、利誘皆不行，怎會有不投降的傻瓜？」

「難，難，難！」皇太極搖頭：「什麼都用過了，連美人計也行不通！他越來越強硬。唉！」

皇后沈思了好一會，心生一計，告訴皇太極。

皇太極起初不同意，最後終於撫愛著撲到他懷裡的皇后，說：「為了國家前途，由你去幹吧！但要小心，絕不能讓任何人知道！」

皇后得令，特別打扮了一番，黃昏時分秘密出宮，避開看守，獨個兒到了禁閉廳，見到了洪承疇。

「此位是洪將軍吧？」她細聲問道。

「你是什麼人？」洪承疇閉目危坐，一副凜然不可侵犯的樣子。忽聽聲喉婉轉的女人聲音，不覺把眼睜開。眼前是個美人兒，比前些日子送來的美女要美上十倍。但他仍厲聲問道：「誰叫你來的？有什麼事？」

皇后深行一禮，向前走了一步，說：「我知道洪將軍忠心耿耿，絕食以明志，深為欽佩。」她嫣然一笑，又說：「我來此，是想拯救你脫離苦海！」

「是想勸我投降吧？」共承疇又裝起威武：「嘿！我鐵石心腸，請早早閉嘴！」

皇后並不介意，媚眼一閃，繼續說：「將軍！我雖為女子，卻也識君臣大義，對將軍的英勇與耿耿忠心甚為欽佩，怎忍奪將軍之志？」

「那你來幹什麼？」洪承疇皺眉。

「唉，將軍！我先前不是說，是來救將軍的嗎？將軍正在絕食，可絕食要等上七、八日才能死，那種滋味太難受了！我是佛門信徒，慈悲為懷，怎忍將軍受此痛苦？所以煎好一壺毒藥，送來給將軍。將軍若不怕死，請飲下此藥？」說著將隨身帶來的一壺藥遞上去。

「好好，我飲！死且不怕，何懼毒藥！」洪承疇在她又捧又憐的搖蕩之下，已身不由己，立刻接過壺張口就喝。不料心情激動，心跳加快，氣粗急短，咳嗽起來，藥水濺滿美人的衣襟。他連旁道歉。

皇后卻若無其事，拿起香帕，邊擦邊說；「將軍視死如歸，英雄英雄！看來，將軍陽壽未盡哩！」

「我立志一死！」洪承疇又拿起壺，一飲而盡。

「不過，你現在為國殉了節，身喪異域，你的家人必哭望天涯，深閨少婦定於枕邊彈淚。這些，將軍豈能閉眼不顧呢？」

洪承疇被勾起了心事，痛苦萬分。但想到藥已下肚，死就在眼前，不禁淚如泉湧，長歎不已。

皇后知洪承疇已心動，又用話挑引：「將軍可謂忠貞不渝，在我看來，卻是傻瓜。你身為國家棟梁，明廷對你寄予厚望，你輕身一死，對國何益？如果是我，必為漸圖恢復，忍辱一時。將軍已服了毒，我不再多說，免得增加你的痛苦，請將軍自酌。」她一邊說，一邊使出渾身解數，媚態撩人，弄得洪承疇雖然等死，但血流加快，欲火上升，神魂顛倒。

「我兩人既然相遇，亦是一段緣分。你死後有何話說，我一定轉告你家人。」

洪承疇眼淚流了出來。皇后掏出香帕，替他拭去。一陣香粉氣，美色嬌態，向洪承疇襲來，他不由得順勢撫著她的玉臂。這時他已欲火難忍，把死置於腦後，一把將她摟住。他要在死前風流一番，做個風流鬼。

洪承疇所飲「毒藥」，其實是長白山特產老人參汁，並摻進催情藥。

就這樣，一個享過國祭的大明經略大臣、顯赫將軍洪承疇，最後竟然拜倒在美人裙下，為清軍入主中原，統一全國，死心榻地，竭盡了全力。

中國有這麼一句俗話：男人馬上打天下，女人床上得天下。高明的厚黑之士卻可以通過女人的床上功夫，得到天下。

呂不韋為了使秦公子異人獲得安國君嫡子的寶位，耗費數千金，上下活動，奔走於向安國君大扇枕頭風，誇揚異人的賢能之處。安國君愛美情濃，只要華陽夫人喜歡，言聽計從，當即應允立異人為嫡子，並刻符為記，永不反悔。華陽夫人還說服安國君拜呂不韋為異人的老師，負責培育異人執掌國事。

呂不韋將成功的消息帶回趙都邯鄲，告訴異人。異人自然十分高興，更加感謝呂不韋。兩人遂成了形影不離的好朋友。

這日，兩人又在呂不韋家狂飲作樂。為助酒興，呂不韋命自己買來作樂的趙國美女在酒席間歌舞。誰知，異人一眼看中了能歌善舞、楚楚動人的趙姬，便乘酒興，向呂不韋索要。

呂不韋一聽異人竟然向他索要自己最喜愛的美人，不覺大怒。可又一想，萬貫家財已為這個異人耗費殆盡，今後的榮華富貴就繫在他身上，千萬不能因為一名小妾得罪了他。這個異人將成為秦國國王，得罪了他，不僅萬貫家產白白丟失，恐怕還會有不盡的後患；況且，那趙姬已懷上自己的孩子，何不趁此機會，來個順水推舟，將趙姬許配給異人，日後趙姬若生了個男孩，這秦國天下不就在不知不覺中易主了嗎？

異人看到呂不韋先是憤怒之極，後又陷入深思，酒也醒了不少，立即行大禮賠罪，深恐得罪了這位多財多智的救命恩人，影響自己順利登上太子之位。

不料，呂不韋聞言，連連擺手，說：「這麼說就見外了！您能看中我家小妾，是她的福氣，也是我家的榮耀，怎能不答應呢？我看，今日便是良辰，我們請公孫乾作媒證，今晚便成就這門良緣吧！」

異人料不到呂不韋竟會讓美，高興得不知說什麼好。

異人得到趙姬之後，自然是男歡女愛。後來，趙姬果然生下一子，取名為「政」。他就是後來統一中國的秦始皇，而呂不韋後來也成了秦始皇的「尚父」。

沒想到，秦國經過幾十代，數百年努得來的天下，就這樣輕而易舉地變成了呂氏天下。這是商人呂不韋用錢財、美人做出來歷史上一筆最大買賣——大秦王朝。

國家圖書館出版品預行編目資料

逆思考人生加法，李睿　著，
初版，新北市，新視野 New Vision，2023.11
面；　公分 --
ISBN 978-626-97656-3-8（平裝）
1.CST：成功法 2.CST：自我實現

177.2　　112014044

逆思考人生加法
李睿　著

出　　版　新視野 New Vision
製　　作　新潮社文化事業有限公司
電話 02-8666-5711
傳真 02-8666-5833
E-mail：service@xcsbook.com.tw

印前作業　東豪印刷事業有限公司
印刷作業　福霖印刷有限公司

總 經 銷　聯合發行股份有限公司
新北市新店區寶橋路 235 巷 6 弄 6 號 2F
電話 02-2917-8022
傳真 02-2915-6275

初　　版　2023 年 12 月